DESPERTANDO MINHA VOCAÇÃO

Pe. GERALDO DE PAULA SOUZA, C.Ss.R.
Ir. SANDRA DE SOUZA, ASCJ

DESPERTANDO MINHA VOCAÇÃO

ACOMPANHAMENTO VOCACIONAL
Primeira etapa

EDITORA
SANTUÁRIO

DIREÇÃO EDITORIAL:
Pe. Fábio Evaristo Resende Silva, C.Ss.R.

REVISÃO:
Ana Lúcia de Castro Leite

COORDENAÇÃO EDITORIAL:
Ana Lúcia de Castro Leite

CAPA E DIAGRAMAÇÃO:
Bruno Olivoto

COPIDESQUE:
Luana Galvão

Dados Internacionais de Catalogação na Publicação (CIP)
(Câmara Brasileira do Livro, SP, Brasil)

Souza, Geraldo de Paula
  Despertando minha vocação: acompanhamento vocacional: primeira etapa / Geraldo de Paula Souza, Sandra de Souza. – Aparecida, SP: Editora Santuário, 2015.

  ISBN 978-85-369-0369-9

  1. Formação religiosa 2. Serviço de animação vocacional 3. Vida cristã 4. Vocação I. Souza, Sandra de. II. Título.

15-02584   CDD-248.89

Índices para catálogo sistemático:
1. Vocação religiosa: Guias de vida cristã: Cristianismo 248.89

A marca FSC® é a garantia de que a madeira utilizada na fabricação do papel deste livro provém de florestas que foram gerenciadas de maneira ambientalmente correta, socialmente justa e economicamente viável.

2ª impressão

Todos os direitos reservados à EDITORA SANTUÁRIO – 2017

 Rua Pe. Claro Monteiro, 342 – 12570-000 – Aparecida-SP
Tel.: 12 3104-2000 – Televendas: 0800 - 16 00 04
www.editorasantuario.com.br
vendas@editorasantuario.com.br

SUMÁRIO

Prefácio | 7
Introdução | 11

1. Quem é Deus? | 15
2. Criação | 21
3. A vida | 27
4. A pessoa humana | 33
5. Quem sou eu? | 41
6. Minha família | 47
7. Jovem: ser feminino e ser masculino | 55
8. Percebendo os sentimentos | 61
9. Os relacionamentos | 67
10. O batismo | 73
11. Ser cristão | 79
12. O pecado | 85
13. O perdão | 91
14. Os desafios da vida | 97
15. A oração | 103
16. O reino de Deus | 109
17. Igreja | 115
18. Fraternidade universal | 121
19. Vocação à vida | 127
20. Vocação e profissão | 133

Conclusão | 139

PREFÁCIO

Senti-me surpreso e feliz ao ser convidado pelo padre Geraldo de Paula Souza, missionário redentorista, e pela Ir. Sandra de Souza, Apóstola do Sagrado Coração, para prefaciar o livro *Despertando minha vocação*. Nutro uma grande estima pela Congregação Redentorista. Os redentoristas fazem parte de minha história vocacional desde os primeiros meses de meu ingresso na Congregação dos Rogacionistas, família religiosa à qual pertenço. Ainda seminarista, motivado por uma missão popular dos redentoristas, em minha terra natal, Divisa Nova, com mais três colegas de seminário realizamos, durante as férias, uma pequena missão nas comunidades rurais com o intuito de propagar o carisma dos Rogacionistas, o Rogate. Desejávamos em nossa pequenez e simplicidade imitar aquele vigor entusiasta dos redentoristas no anúncio do Cristo Redentor. Foi uma experiência emocionante e jamais esquecida!

São as experiências que fortalecem a nossa opção vocacional, e este livro é fruto de experiências vocacionais que se traduzem em um material prático e didático. Esta obra vocacional, um tanto didática, poderá ajudar no trabalho de todos na Igreja, pois se trata de uma das ferramentas para afofar a terra e auxiliar na fertilidade do terreno de uma Igreja toda vocacionalizada e ministerial.

Ao ler os capítulos, fui sentindo-me contemplado, uma vez que, nos últimos anos atuando diretamente na área vocacional, com diversos grupos eclesiais espalhados por este imenso Brasil, ouço frequentemente perguntas elaboradas por animadores vocacionais, formadores de seminários e casas religiosas, párocos, bispos, provinciais, lideranças de comunidades, grupos afins e tantos outros: Qual a causa do descenso vocacional? Como colocar em prática o Itinerário Vocacional? Como fomentar as vocações? Como animar os animadores vocacionais? Como formar uma equipe vocacional? Como conscientizar os cristãos leigos, ministros ordenados, consagrados da vida religiosa e secular para a importância de uma Igreja cada vez mais vocacionada e ministerial? Sinceramente, o livro do padre Geraldo de Paula não nos dá respostas prontas, porque quem deve responder prontamente ao chamado de Deus é cada pessoa, do mais profundo de seu íntimo. Agora, posso garantir que este livro nos abre um horizonte de possibilidades e caminhos, por isso vale a pena ler, refletir, meditar e exercitar pessoalmente, em grupo ou no acompanhamento com vocacionados.

Confesso que me surpreendi ao me deparar com as lições em cada capítulo do livro. São lições que nos levam a conhecer e a perceber a importância de Deus em nossa vida; e, como não podia faltar, o psicólogo autor nos brinda com sua visão psicológica favorecendo alguns aspectos fundamentais da vida do ser humano – e aqui peço licença ao grande filósofo Sócrates para registrar que "uma vida não conhecida não vale a pena ser vivida". Portanto, ousaria dizer, também, que este livro é para aquelas pessoas que procuram um maior aprofundamento do significado de sua existência, de sua vocação. Afinal, o ser humano é um ser que busca e, cotidianamente, interroga os "por quês" da vida.

Por que Deus chama a cada um de nós? Para que servimos? Vale a pena a nossa existência? O que Deus espera de nós ao nos colocar no mundo? Qual a minha vocação, a minha profissão? Vocação e profissão caminham juntas?

Vivemos um momento especial para a Igreja que foi a realização do Simpósio Vocacional do Brasil que *visou incrementar a cultura vocacional na ação evangelizadora da Igreja, avançando no discipulado missionário como legado batismal*. Por isso mesmo, partilhei com o padre Geraldo de Paula e com a Irmã Sandra que este material produzido será muito útil. Ele é bem-vindo em um momento certo em que a Igreja do Brasil faz memória de alguns acontecimentos vocacionais. É, pois, salutar esta contribuição em um momento de revisão e projeção de nossos esquemas e métodos, de nossa forma de fazer pastoral vocacional. Sentimos o apelo vindo de nossas comunidades eclesiais em construir novos projetos integrados naquilo que é permanente e duradouro, sendo assim flexível e dialógico com este novo mundo, com as novas gerações, sem abrir mão de convicções profundas da fé, da defesa da vida e do testemunho pessoal que sustentam a vocação cristã.

Com alegria e renovado entusiasmo, desejo que este livro alcance o maior número de leitores que se comprometam a meditar a própria vocação, a estimular e valorizar todas as vocações nos vários serviços e ministérios. Deus nos surpreende com as mais variadas formas de chamar para segui-lo. Ainda hoje, tantos outros são chamados a serem *discípulos missionários de Jesus Cristo*. Neste caminho que nos conduz ao despertar da própria vocação, tenhamos a coragem e a ousadia de dizer que vale a pena servir na construção do Reino de Deus.

Pe. Geraldo Tadeu Furtado, RCJ
Diretor do Centro Rogate do Brasil
e Revista Rogate de Animação Vocacional

INTRODUÇÃO

Com alegria colocamos em suas mãos este material de acompanhamento vocacional *Despertando minha Vocação*, que terá continuidade em dois outros livros: *Descobrindo minha Vocação* e *Respondendo a minha Vocação* elaborados por nós, Irmã Sandra de Souza, ASCJ, e Padre Geraldo de Paula Souza, C.Ss.R.

A preocupação deste livro, assim como os dois acima citados, é favorecer, gradativamente, a compreensão do chamado que Deus faz a cada um de seus filhos e filhas, bem como seu discernimento e acompanhamento vocacional.

Sabemos que a Igreja no Brasil, em seus organismos, Conferência Nacional dos Bispos do Brasil (CNBB) e Conferência dos Religiosos do Brasil, tem procurado por meio de seus Congressos e Assembleias aprofundar a temática vocacional, bem como proporcionar e estimular a produção de subsídios vocacionais, com o objetivo de auxiliar o jovem, em primeiro lugar, a fazer um bom discernimento vocacional, e proporcionar ao acompanhante vocacional recursos que sejam facilitadores em seu trabalho. Diante desse desafio nos colocamos, com muita humildade, para contribuir com esse processo de discernimento vocacional.

Este material que apresentamos é fruto de uma vivência vocacional feita por cada um de nós ao longo de nossa caminhada vocacional, pelos estudos e reflexões que tivemos oportunidade de fazer em torno das vocações, pela prática de acompanhamento de vocacionados em nossas congregações, outras congregações e dioceses, além, é claro, da vida de oração, momento especial em nossas vidas, que nos permite sentir as graças que Deus derrama sobre nós, proporcionando-nos condições para realizar sua santa vontade.

Cada cristão e cada cristã precisam ter a consciência de que pelo batismo somos vocacionados do Pai. Somos filhos e filhas adotivos desse Pai tão amável e misericordioso e irmãos e irmãs de Jesus Cristo, nosso Redentor e Salvador, a quem seguimos e, ungidos pelo Espírito Santo, somos inseridos na Igreja, onde professamos nossa fé, participamos dos sacramentos e encontramos força para cumprir a missão e viver nossa vocação cotidianamente na sociedade, que é tão complexa e repleta de contravalores cristãos.

Procurando fazer um caminho que ajude o vocacionado a aprofundar temas vocacionais tivemos a preocupação em estruturar este trabalho em capítulos e em cada um deles teremos sempre duas partes: uma voltada para a reflexão de cada tema e outra que contribua para uma prática oracional dentro do tema.

Na primeira parte de cada tema ou capítulo, logo no início, apresentamos pequenos textos que podem ajudar a refletir o assunto proposto. Com esse pressuposto apresentamos os vinte capítulos de nosso trabalho. Nos quatro primeiros capítulos, para conhecer um pouco mais a Deus, aquele que por primeiro tomou a iniciativa de nos chamar, temos a preocupação de mostrar a importância dele em nossa vida, como um Deus amoroso e criador, gerador da vida, tendo o ser humano como sua principal obra.

Nos cinco capítulos seguintes, procuramos conhecer o ser humano, aquele que é chamado por Deus. Enveredamos nesse desafio, contando com a ajuda da visão psicológica, que nos favorece no aprofundamento do conhecimento dos aspectos fundamentais da vida do ser humano, como o autoconhecimento, o valor da família, nossos relacionamentos e nossas afetividades. Precisamos nos conhecer.

Os nove capítulos seguintes nós os identificamos como valores e suportes que nos ajudam e ajudarão a entender e a viver nossa vocação; e, como veremos, muito mais do que compreender a importância dos sacramentos, da palavra de Deus, os valores do Reino de Deus, a missão da Igreja e a vida fraterna, somos chamados a vivê-los em nosso cotidiano.

Finalmente, nos dois últimos capítulos, tendo preparado o terreno, pretendemos falar mais explicitamente sobre vocação e vocações. Falaremos também sobre profissão e profissões e a diferença entre vocação e profissão.

Para ajudar na reflexão e aprofundamento dos temas, dentro da primeira parte, apresentamos algumas indicações de leituras bibliográficas, elaboramos perguntas para debatê-los, fazemos indicações de músicas e apresentamos, por fim, atividades criativas que podem favorecer os vocacionados a irem além texto.

Na segunda parte de cada capítulo fazemos a cada vocacionado o convite para rezar a vocação a partir do tema proposto, traçamos algumas orientações para oração pessoal, indicamos textos bíblicos, um para cada dia da semana, já que no fim de semana os vocacionados têm o contato com os textos litúrgicos dominicais em suas comunidades. Nesse espírito apresentamos, também, um roteiro para que cada vocacionado tenha a oportunidade de fazer a leitura orante de cada texto bíblico. Com este material, refletido e rezado, convidamos todos para fazer anotações em seu caderno de oração, destacando o que mais tocou seu coração durante a oração. No final apresentamos mais dois desafios: um compromisso de vida e o compartilhamento com o acompanhante espiritual/vocacional sobre os sentimentos, medos, dúvidas, receios, apegos..., no intuito de ajudar em seu discernimento vocacional.

É um caminho árduo, mas realizador. Convidamos você para percorrê-lo conosco. Jesus nos chama, vamos nessa!

1 QUEM É DEUS?

I • REFLEXÃO

1. Texto

É um amigo. É aquele que vive no homem e na mulher, criou-nos a sua imagem e semelhança (Gn 1,27). A sua imagem já somos e a sua semelhança é um trabalho de cada dia. Sua presença é visível através dos seres humanos e da natureza com toda a sua riqueza.

É criador de tudo. É bondade e solicitude amorosa. É previdente para com suas criaturas de modo especial ao ser humano (Gn 2).

É de ternura infinita. Preste atenção no nascer e no pôr do sol, na flor que se abre, no animal que nasce, em uma borboleta que passeia pelas flores, em um pássaro que voa exibindo sua plumagem...

É como a brisa mansa que deixa uma sensação de bem-estar. É a harmonia de um concerto musical...

É aquele que sustenta o Universo onde os astros dançam em um ritmo perfeito e de uma beleza extraordinária.

É aquele que nos dá a oportunidade de SAIR (Gn 12,1-3). É aquele que nos chama a voltar (Gn 28,15), oferecendo-nos um tempo para atuar, ajudando-o a restaurar as obras destruídas.

É aquele que nos dá condição de continuar sua obra criadora para que a vida seja mais agradável e adequada para todos (Gn 1,28-31).

Ele possui a plenitude do poder por excelência. É Senhor e Juiz. Foi assim que se revelou a Moisés na montanha de Horeb (Êx 3,1-15).

Nele estão contidas todas as qualidades que vão além de nossa imaginação. Ele é amor, paz, alegria, justiça, misericórdia.

É a primeira Pessoa da Santíssima Trindade. É também nosso Pai. Foi o próprio Filho de Deus Pai, Jesus Cristo, quem disse: "Subo para junto de meu Pai, que é Pai de vocês, de meu Deus, que é o Deus de vocês" (Jo 20,17).

Para perceber, sentir, experienciar Deus, como Pai amoroso, é preciso entrar em contato com Ele, através de sua Palavra, através de nossos diálogos com Ele, através da natureza, através das pessoas que encontramos e dos diversos acontecimentos de nossa sociedade.

2. Bibliografia para aprofundamento do texto

2.1. BÍBLIA SAGRADA, Edição Pastoral. São Paulo, Paulus, 1990.
2.2. COMPÊNDIO DO DOCUMENTO VATICANO II, n. 1578-1596.
2.3. DOCUMENTO DE APARECIDA, n. 129 e 241.
2.4. POWELL, John. *Com os olhos da fé*. Aparecida. Ed. Santuário, 1997.

3. Questões para aprofundamento

3.1. Quem é Deus para você?
3.2. Como você percebe o amor de Deus no mundo onde vivemos?

3.3. Como você percebe e sente o Amor de Deus na criação?

4. Músicas

4.1. *Deus infinito* – *"Te Deum"* (Pe. Zezinho, SCJ).
4.2. *O orvalho da manhã criança, me fala de Meu Deus* (Pe. Zezinho, SCJ).
4.3. Outros cânticos de acordo com o tema.

5. Atividade pessoal ou grupal

Deus em minha vida

Objetivo: Ajudar cada vocacionado a perceber que todos os filhos e filhas do Criador têm uma experiência de Deus.

5.1. Em uma folha em branco expressar, com giz de cera, da forma como você quiser, a experiência de Deus em sua vida.
5.2. Após 15 minutos colocar no centro do círculo ou pendurado em um varal as obras de arte.
5.3. Todos do grupo são convidados a contemplar as obras expostas.
5.4. Compartilhar a experiência realizada.

II • REZANDO MINHA VOCAÇÃO

1. Orientações para a oração pessoal

1.1. Escolher um lugar para sua oração.
1.2. Determinar o horário e o tempo de sua oração.
1.3. Pedir a graça que deseja para esse momento de oração.
1.4. Ler e reler o texto com muita calma.
1.5. "Saborear" com o coração o que o marcou.
1.6. Concluir a oração, agradecendo ao Senhor este encontro.

2. Textos bíblicos para a oração pessoal (rezar um texto bíblico por dia)

2.1. Salmo 48/47 – Quem é Deus.
2.2. Salmo 65/64 – É o Criador.
2.3. Salmo 19/18 – É o Protetor.
2.4. Lucas 12,22-34 – Deus nos ama.
2.5. 1João 4,7-12 – Deus é amor.

3. Fazer a leitura orante de cada texto bíblico

3.1. O que diz o texto? – O texto fala...
3.2. O que o texto diz para mim hoje? – Penso em que preciso mudar...
3.3. O que o texto me faz dizer a Deus? – Rezo, louvo, agradeço...
3.4. O que o texto me leva a fazer? – Faço silêncio... escuto o que Deus me pede.
3.5. Desafio: pôr em prática o que Deus me pediu.

4. Anotar em seu caderno de oração, após cada texto bíblico, o que mais tocou seu coração

5. Compromisso de vida

5.1. Fazer um hino ou uma oração de agradecimento a Deus.
5.2. Como filho de Deus, testemunhar seu amor às pessoas que não perceberam a existência dele.

OBS: Procure partilhar de forma transparente e simples, com o acompanhante espiritual/vocacional, os sentimentos, medos, dúvidas, receios, apegos..., pois isso o ajudará em seu discernimento vocacional.

Deus é criador de tudo. É bondade e solicitude amorosa. É previdente para com suas criaturas de modo especial ao ser humano.

2 CRIAÇÃO

I • REFLEXÃO

1. Texto

Todas as coisas criadas aconteceram por um chamado de Deus: "Faça-se... E Deus viu que tudo era bom" (Gn 1,3-25). É possível perceber que Deus é Bom, porque tudo o que criou é muito bom.

Para tudo Deus tem uma finalidade com a criação. Você não acha? O mundo não foi criado por acaso, mas por amor, especialmente para o homem e a mulher (Gn 1,26-31).

É como uma mãe que prepara o enxoval para seu filhinho muito querido que está para nascer. Assim Deus pensou em cada detalhe da criação. Não teve pressa. Com sabedoria organizou muito bem seu Plano de Amor. Por isso, segundo as escrituras, cada dia foi preparado com todos os detalhes (Gn 1).

Depois de tudo pronto, em seus devidos lugares e de acordo com suas finalidades determinadas, vendo "que tudo era bom..., criou o homem e a mulher, ... a sua imagem e semelhança" e colocou-os como responsáveis, como cuidadores do universo, habitando a terra e zelando por ela e por toda a criação, dando nome a tudo que foi criado (Gn 2,19).

Diante do amor e carinho de Deus para conosco, nossa finalidade primeira é amar, adorar e servir a Deus. Somos obras do Criador, sua mão nos tocou e em nossas narinas deu o sopro de vida. Somos todos dele e Ele está em nós. Ele é nosso Deus.

Fomos criados para sermos felizes. Para viver bem com a natureza, com as pessoas, com o Criador.

2. Bibliografia para aprofundamento do texto

2.1. QUEIRUGA, Andrés T. *Recuperar a criação*. São Paulo: Paulus, 1999.
2.2. TRIGO, Pedro. *Criação e história*. Petrópolis: Vozes, 1988.

3. Questões para aprofundamento

3.1. O que você sente pela natureza?
3.2. Você tem feito algo para preservar nosso planeta?
3.3. Você tem colaborado para a reciclagem do lixo?
3.4. Você sabia que há milhares de pessoas sofrendo e morrendo por falta d'água?

4. Músicas

4.1. *Onipotente e bom Senhor* (Zé Vicente).
4.2. *Seu nome, Senhor, é maravilhoso* (Zé Vicente).
4.3. *Xote ecológico* (Luiz Gonzaga).

5. Atividade pessoal ou grupal

Somos obras do Criador

Objetivo: Ajudar os vocacionados a perceberem que somos obras do Criador e que temos capacidade, também, para criar.

5.1. Colocar argila no centro do grupo.
5.2. Cada pessoa deve pegar um pouco de argila.
5.3. Durante um tempo, cada um deve manusear e sentir a argila.
5.4. Cada pessoa pode construir e criar o que quiser com a argila.
5.5. Enquanto isso, uma música com sons da natureza deve ser colocada para todos ouvirem.
5.6. Assim que todos terminarem deve ser feita uma exposição das criaturas. E todos devem contemplar as obras expostas.
5.7. Compartilhar no grupo seus sentimentos a partir dessa prática.

II • REZANDO MINHA VOCAÇÃO

1. Orientações para a oração pessoal

1.1. Escolher um lugar para sua oração.
1.2. Determinar o horário e o tempo de sua oração.
1.3. Pedir a graça que deseja para esse momento de oração.
1.4. Ler e reler o texto com muita calma.
1.5. "Saborear" com o coração o que o marcou.
1.6. Concluir a oração, agradecendo ao Senhor este encontro.

2. Textos bíblicos para a oração pessoal (rezar um texto bíblico por dia)

2.1. Salmo 77/76 – "Tu és o Deus que opera maravilhas".
2.2. Sabedoria 11,25–12,2 – Deus ama tudo o que existe.
2.3. Gênesis 1 e 2 – Relato da Criação.
2.4. Isaías 65,17-25 – "Eu vou criar um novo céu e uma nova terra".
2.5. Marcos 10,6-9 – "Desde o início da criação Deus os fez homem e mulher".

3. Fazer a leitura orante de cada texto bíblico

3.1. O que diz o texto? O texto fala ...
3.2. O que o texto diz para mim hoje? Penso em que preciso mudar...
3.3. O que o texto me faz dizer a Deus? Rezo, louvo, agradeço...

3.4. O que o texto me leva a fazer? Faço silêncio... escuto o que Deus me pede.

3.5. Pôr em prática o que Deus me pediu.

4. Anotar em seu caderno de oração, após cada texto bíblico, o que mais tocou seu coração

5. Compromisso de vida

5.1. Escrever um hino ou poesia à Natureza.

5.2. Falar para as pessoas sobre a importância de cuidar bem da natureza e de todo o planeta.

OBS: Procure partilhar de forma transparente e simples, com o acompanhante espiritual, os sentimentos, medos, dúvidas, receios, apegos..., pois isso o ajudará em seu discernimento vocacional.

Fomos criados para sermos felizes. Para viver bem com a natureza, com as pessoas, com o Criador.

3 A VIDA

I • REFLEXÃO

1. Texto

Buscando uma definição podemos dizer que a vida é um conjunto de propriedades e qualidades dos animais e plantas, que se mantêm em contínua atividade, manifestada em funções orgânicas, tais como o metabolismo. A existência é o estado ou condição dos organismos que se mantêm nessa atividade, do nascimento até a morte.

É bom refletir: ninguém nasceu ou nasce por acaso. Antes mesmos de nascermos já estávamos no pensamento amoroso de Deus. "Antes de formar você no ventre de sua mãe, eu o conheci..." (Jr 1,5).

Ele nos chamou à vida e respondemos. E de maneira linda e pronta! Já fazíamos parte do plano amoroso de Deus, mas, no momento da fecundação, momento explosivo, em que milhões de espermas de seu pai iniciam uma grande corrida para chegar até o óvulo de sua mãe e, nessa corrida, apenas um perfura o óvulo e dessa união e a partir de então, em um contínuo desenvolvimento, forma-se um ser maravilhoso que é você hoje.

Deus é vida. Ele criou a vida. A vida é um presente de Deus para você. Como você pode perceber, a vida é carregada de riquezas, é um dom precioso. É o primeiro chamado que Deus fez e você respondeu: sim! Sua vida tem uma finalidade e você é responsável por ela. Valorize a vida, defenda-a, faça renascer a vida, cultive a vida na natureza e nos outros, nossos irmãos e irmãs.

A própria sociedade mundial, através do artigo 3 dos Direitos Humanos, reconhece o valor que devemos dar à vida: "Todo homem, toda mulher têm o direito à vida, à liberdade e à segurança pessoal".

A vida só tem sentido enquanto ela é vivida para ser doada. Sua vida também pode ser doada. Nesse sentido compartilhamos com você um poema da Madre Teresa de Calcutá, ela que se doou por inteira para favorecer a vida dos mais necessitados de vida.

O Dom da Vida

A vida é uma oportunidade, agarre-a. A vida é uma beleza, admire-a.

A vida é uma ventura, saboreie-a. A vida é um sonho, faça dele realidade.

A vida é um desafio, enfrente-o. A vida é dever, cumpra-o.

A vida é um jogo, jogue-o. A vida é preciosa, cuide bem dela.

A vida é uma riqueza, conserve-a. A vida é amor, goze-o.

A vida é um mistério, penetre-o. A vida é promessa, cumpra-o.

A vida é tristeza, supere-a. A vida é um hino, cante-o.

A vida é um combate, aceite-o. A vida é uma tragédia, enfrente-a.

A vida é uma aventura, ouse-a. A vida é felicidade, mereça-a. A vida é vida, defenda-a.

2. Bibliografia para aprofundamento do texto

2.1. DOCUMENTO DE APARECIDA, n. 112, 125, 358, 359, 425, 467.
2.2. BUSCAGLIA, Leo, *Vivendo, amando e aprendendo*. Rio de Janeiro, Record, 1982, p. 177-213.
2.3. ZÉ VICENTE. *Tempos urgentes* – poesias. São Paulo, Paulinas, 2004.

3. Questões para aprofundamento

3.1. Como você cuida de sua vida?
3.2. Como você percebe o cuidado com a vida no mundo atual?
3.3. Em sua família e em sua comunidade, o que tem sido feito em favor da vida que está sendo ameaçada?

4. Músicas

4.1. *O que é, o que é?* (Gonzaguinha).
4.2. *O Profeta* (Gilmar Torres).

5. Atividade pessoal ou grupal

Uma viagem pela vida

Objetivo: Através do relaxamento, ajudar cada vocacionado a valorizar todos os momentos da vida.

5.1. Cada pessoa deve escolher um local para sentar ou deitar de tal forma que se sinta muito à vontade.
5.2. O coordenador procure ajudar a pessoa a fazer uma retomada de sua vida desde o ventre materno.

5.3. Para facilitar o trabalho, pedir para cada pessoa fechar os olhos e fazer uma viagem no tempo, voltando para o útero da mãe.

5.4. Iniciar um processo de desenvolvimento do feto até seu nascimento. O Coordenador vai falando bem pausadamente sobre o desenvolvimento dessa vida em gestação até o momento de seu nascimento.

5.5. Orientar para que, com muita tranquilidade, cada pessoa, em seu ritmo, possa se sentar, abrir os olhos, movimentar-se, ficar de pé e espreguiçar.

5.6. Compartilhar o que cada um pôde sentir nesse momento.

5.7. Conversar em grupo a seguinte questão: Qual o valor que dou para a vida?

II • REZANDO MINHA VOCAÇÃO

1. Orientações para a oração pessoal

1.1. Escolher um lugar para sua oração.
1.2. Determinar o horário e o tempo de sua oração.
1.3. Pedir a graça que deseja para esse momento de oração.
1.4. Ler e reler o texto com muita calma.
1.5. "Saborear" com o coração o que o marcou.
1.6. Concluir a oração, agradecendo ao Senhor este encontro.

2. Textos bíblicos para a oração pessoal (rezar um texto bíblico por dia)

2.1. Gênesis 2,7-9 – Deus que dá vida ao homem.
2.2. Salmo 104/103 – Hino ao Senhor da vida.
2.3. Sabedoria 2,21-24 – Deus criou o ser humano para a vida.
2.4. Marcos 3,1-6 – A vida em primeiro lugar.
2.5. João 10,7–21 – Vida em abundância.

3. Fazer a leitura orante de cada texto bíblico

3.1. O que diz o texto? O texto fala ...
3.2. O que o texto diz para mim hoje? Penso em que preciso mudar...
3.3. O que o texto me faz dizer a Deus? Rezo, louvo, agradeço...
3.4. O que o texto me leva a fazer? Faço silêncio... escuto o que Deus me pede.
3.5. Pôr em prática o que Deus me pediu.

4. Anotar em seu caderno de oração, após cada texto bíblico, o que mais tocou seu coração

5. Compromisso de vida

5.1. Perceber o que você e sua família fazem em favor da vida.
5.2. Participar de movimentos em favor da vida, em sua comunidade, como: pastoral da juventude, da criança e outros movimentos que visem preservar a vida. Falar para as pessoas sobre a importância de cuidar bem da natureza e de todo o planeta.
5.3. Visitar uma criança recém-nascida para perceber o esplendor da vida e a alegria dos pais.

OBS: Procure partilhar de forma transparente e simples, com o acompanhante espiritual, os sentimentos, medos, dúvidas, receios, apegos..., pois isso o ajudará em seu discernimento vocacional.

"A vida é felicidade, mereça-a. A vida é à vida, defenda-a."

4 A PESSOA HUMANA

I • REFLEXÃO

1. Texto

A pessoa sou eu, é você. O que permite dizer que esse ato é meu, que sou responsável por ele e disposto a responder por ele. São muitos os conceitos e as definições dos grandes estudiosos de nossas ciências sobre o ser humano. No entanto, interessa-nos aqui mostrar a visão da Igreja Católica sobre o ser humano e sua dignidade.

O Documento da Igreja, o Vaticano II, na *Gaudium et Spes*, dentre várias afirmações, diz que não há nada superior ao homem e que todas as organizações sociais e institucionais devem ser destinadas para o bem das pessoas. "A pessoa humana é e deve ser o princípio, o sujeito e o fim de todas as instituições..." (25).

O conceito de pessoa humana, com sua dignidade e seus direitos, formou-se no século XX no confronto tanto com os totalitarismos como com o individualismo liberal. O valor e o reconhecimento da pessoa se dão dentro de uma comunidade, onde sua vida e seus direitos devem ser respeitados; lugar onde cada pessoa, também, tem deveres a serem cumpridos.

A vida humana é breve, situada em um ponto delimitado, em uma história enormemente mais longa; ela passa da infância para a velhice, inserida em uma cadeia de gerações, em que a cada geração lhe compete uma tarefa limitada e específica.

O ser humano é feito para agir sobre a matéria do universo inteiro, o que consegue apenas mediante as ciências e as tecnologias; estas, muitas vezes, em vez de serem instrumentos das comunidades humanas, podem impor seu próprio crescimento como fim último do agir.

O ser humano é imagem e semelhança de Deus e não pode viver sem refletir o ser de Deus em si mesmo. Por Deus recebeu a missão de gerar e cuidar da vida em suas diversas dimensões. Através da vida de oração o homem e a mulher buscam um relacionamento mais intenso com Deus.

O homem novo é Cristo ressuscitado, crucificado e, em sua vida histórica, nele está todo o valor humano manifestado no decorrer dos tempos.

A missão do Espírito Santo não consiste em elevar os homens acima da humanidade a uma divinização que os afastaria dos limites de sua condição corporal; pelo contrário, o Espírito vivifica o corpo para a vida eterna e move os homens para que todos alcancem a plenitude do ser humano na maior diversidade e liberdade, de tal sorte que não haja somente um modelo de continuador de Jesus, mas milhões.

O Documento de Aparecida apresenta-nos vários números que nos ajudam a perceber o valor do ser humano: O número 42 fala que "A pessoa humana é, em sua própria essência, o lugar da natureza para onde converge a variedade dos significados em uma única vocação de sentido... A pessoa sempre procura a verdade de seu ser, visto que é nesta verdade que ilumina a realidade de tal modo que possa nela se desenvolver com liberdade e alegria, com prazer e esperança".

Já o número 104 nos orienta a bendizer a Deus pela dignidade da pessoa humana, criada a sua imagem e semelhança. Deus nos criou livres e nos fez sujeitos de direitos e deveres em meio à criação. Agradecemos ao Pai ter nos associado ao aperfeiçoamento do mundo, dando-nos inteligência e capacidade para amar; e lhe agradecemos a dignidade, que recebemos também como tarefa, que devemos proteger, cultivar e promover.

Enquanto o número 122 nos convida a louvar a Deus pelos talentos, estudo e decisão de homens e mulheres para promover iniciativas e projetos geradores de trabalho e produção, que elevam a condição humana e o bem-estar da sociedade. E alerta-nos que a atividade empresarial é boa e necessária quando respeita a dignidade do trabalhador, tem cuidado com o meio ambiente e se orienta para o bem comum.

Encontramos uma importante observação no número 387 quando o documento aponta que "A cultura atual tende a propor estilos de ser e viver contrários à natureza e dignidade do ser humano. O impacto dominante dos ídolos do poder, da riqueza e do prazer efêmero se transformou, acima do valor da pessoa, em norma máxima de funcionamento e em critério decisivo na organização social. Diante dessa realidade, anunciamos, mais uma vez, o valor supremo de cada homem e de cada mulher. Na verdade, o Criador, ao colocar a serviço do ser humano tudo o que foi criado, manifesta a dignidade da pessoa humana e convida a respeitá-la" (cf. Gn 1,26-30).

O ser humano, criado à imagem e semelhança de Deus, também possui altíssima dignidade que não podemos pisotear e que somos convocados a respeitar e promover. A vida é presente gratuito de Deus, dom e tarefa que devemos cuidar desde a concepção, em todas as etapas, até a morte natural, sem relativismos.

O Documento em seu número 480 nos conclama a uma denúncia clara dos modelos antropológicos incompatíveis com a natureza e dignidade do homem e da mulher e que é necessário apresentar a pessoa humana como o centro de toda a vida social e cultural. Somos imagem e semelhança de Deus e temos a vocação de sermos filhos no Filho Jesus Cristo e somos chamados a compartilhar sua vida por toda a eternidade.

2. Bibliografia para aprofundamento do texto

2.1. DOCUMENTO DE APARECIDA, verificar todos os números que tratam sobre o ser humano.
2.2. COMPÊNDIO DO VATICANO II, *Gaudium et Spes*, Capítulos II e III.

3. Questões para aprofundamento

3.1. Qual seu conceito sobre a pessoa humana?
3.2. Eu me valorizo? Como?
3.3. Tenho valorizado as pessoas de meu convívio? Como?
3.4. O que você tem a dizer sobre o seguinte pensamento: "A mulher e o homem são seres humanos, não são máquinas!"

4. Músicas

4.1. *Xote ecológico* (Luiz Gonzaga)
4.2. *O sal da terra* (Beto Guedes, Ronaldo Bastos)

5. Atividade pessoal ou grupal

Ao encontro do ser humano

Objetivo: Proporcionar ao vocacionado verificar a importância de todos os seres humanos para Deus e como a sociedade os tem tratado.

5.1. Entregar uma folha com o questionário abaixo para as pessoas responderem.
5.2. Após terem respondido pedir para que cada pessoa escolha três questões e respostas que achou mais interessante.
5.3. Tendo feito a escolha, cada vocacionado poderá compartilhar o assunto no grupo.

Questionário sobre a pessoa humana

1. Para mim o ser humano é...
2. Como ser humano as pessoas me tratam...
3. O ser humano deve...
4. Eu trato as pessoas...
5. O ser humano na sociedade é...
6. Os seres humanos são...
7. O ser humano precisa...
8. O ser humano não...
9. Para ser humano é preciso...
10. Falta para o ser humano...
11. Não é humano...
12. Muitos seres humanos são tratados...
13. Já é hora de o ser humano...
14. Para mim, Deus, pessoa humana e natureza...
15. Para mim o maior exemplo de pessoa humana é...

II • REZANDO MINHA VOCAÇÃO

1. Orientações para a oração pessoal

1.1. Escolher um lugar para sua oração.
1.2. Determinar o horário e o tempo de sua oração.
1.3. Pedir a graça que deseja para esse momento de oração.
1.4. Ler e reler o texto com muita calma.
1.5. "Saborear" com o coração o que o marcou.
1.6. Concluir a oração, agradecendo ao Senhor este encontro.

2. Textos bíblicos para a oração pessoal (rezar um texto bíblico por dia)

2.1. Gênesis 1,26-30 – Deus criou o ser humano a sua imagem e semelhança.
2.2. Eclesiástico 17,1-24 – O Senhor dignificou o ser humano.
2.3. Salmo 34(33) – A alegria do Senhor com os que praticam a justiça.
2.4. Efésios 1,3-14 – "Ele nos predestinou para sermos seus filhos..."
2.5. 1João 2,3-11 – Itinerário para atingir a plenitude humana.

3. Fazer a leitura orante de cada texto bíblico

3.1. O que diz o texto? O texto fala ...
3.2. O que o texto diz para mim hoje? Penso em que preciso mudar...
3.3. O que o texto me faz dizer a Deus? Rezo, louvo, agradeço...

3.4. O que o texto me leva a fazer? Faço silêncio... escuto o que Deus me pede.
3.5. Pôr em prática o que Deus me pediu.

4. Anotar em seu caderno de oração, após cada texto bíblico, o que mais tocou seu coração

5. Compromisso de vida

5.1. No convívio com seus familiares, amigos, membros da comunidade, procure observar se as pessoas se sentem felizes por ser quem elas são?
5.2. Para você o que tem dificultado ou pode dificultar a felicidade dessas pessoas?

OBS: Procure ser sincero, transparente e simples, partilhando tudo (sentimentos, medos, dúvidas, receios, apegos...), pois isso o ajudará em seu discernimento vocacional.

"A pessoa sempre procura a verdade de seu ser, visto que é essa verdade que ilumina a realidade de tal modo que possa nela se desenvolver com liberdade e alegria, com prazer e esperança."

5 QUEM SOU EU?

I • REFLEXÃO

1. Texto

Como seria interessante se cada um de nós pudéssemos responder a essa questão com segurança e transparência. Com certeza muito podemos falar de nós mesmos, mas sempre há e haverá algo novo para descobrirmos em nós em termos de capacidades físicas, psíquicas, relacionais, intelectuais, realizacionais, espirituais ... Podemos dizer também que ninguém nasceu pronto e acabado. A descoberta acompanha o desenvolvimento do "eu" a cada dia.

Biologicamente falando, de tempos em tempos, vão sendo feitas novas descobertas sobre nosso corpo, como a descoberta dos cromossomos, do DNA e, ultimamente fala-se muito, do genoma humano. Os estudos feitos para conhecer cada vez mais o funcionamento de nosso corpo visam a um maior entendimento dele e, conhecendo bem, há uma grande possibilidade através de correções genéticas de evitar, já na infância, ou até mesmo no útero materno, enfermidades que o ser humano poderia ter em idade mais adulta.

Diante dos estudos feitos, uma das conclusões a que se chegou foi que não existem duas pessoas diferentes com o mesmo genoma. Somos seres únicos. Por mais parecidos que possamos ser uns com os outros, mesmo entre os gêmeos univitelinos, há diferenças entre as pessoas. O ditado popular até diz: "Deus usou a forma uma vez e jogou fora". Como é bom saber que somos únicos e ao mesmo tempo compreender que nos completamos uns aos outros. À medida que vamos nos desenvolvendo, os sentimentos humanos também se desenvolvem, como o amor, a doação, a gratuidade. Surgem sentimentos de ódio, temores, raiva e outros. Somos convidados a conviver com esses sentimentos procurando acolhê-los e valorizá-los, sabendo de onde vêm e para onde poderão nos levar. O que é certo é que devemos fortalecer os sentimentos que nos levam a ter um melhor relacionamento com nós mesmos, com o criador, com os outros e com toda a natureza. Não é uma tarefa das mais fáceis, mas é possível; portanto, coloquemo-nos a caminho.

2. Bibliografia para aprofundamento do texto

2.1. VVAA. *Curso de Verão*. São Paulo, Ceseep/Paulus, 2012.
2.2. BENTO XVI. Fé e Razão.
2.3. MOSER, Antônio & SOARES, André M. M. Nova realidade requer novos enfoques. In: *Bioética. Do consenso ao bom senso*. Vozes, p. 41-188.
2.4. PRADA, Rafael. *Profundamente humanos*. Editora Santuário, Aparecida, 2000.

3. Questões para aprofundamento

3.1. Como você se vê? Quais são os pontos fortes que você percebe que tem? Quais são seus pontos fracos?

3.2. Alguém já falou para você sobre seus pontos fortes ou fracos? Quais desses pontos as pessoas destacam?

3.3. Você se vê mais como uma pessoa introvertida (tímida, fala pouco, vergonhosa, retraída) ou mais extrovertida (alegre, festiva, conversadeira, expansiva)?

3.4. Você gosta de seu jeito de ser? O que você pretende mudar em você?

3.5. Você tem amigos? O que você considera mais importante em uma amizade?

4. Músicas

4.1. *Tu me conheces* – Salmo 138(139).

4.2. *Caçador de mim* (Milton Nascimento).

5. Atividade pessoal ou grupal

Recortando e revelando-se

Objetivo: Favorecer os vocacionados ao autoconhecimento.

5.1. Entregar para cada participante uma folha de cartolina.

5.2. No meio da sala colocar jornais e revistas, tesouras, colas.

5.3. Solicitar para que fiquem bem à vontade e façam recortes de figuras que revelam as próprias características pessoais e depois fazer a montagem na cartolina, colando as figuras.

5.4. Dar um título para sua montagem.

5.5. Fazer uma exposição e orientar todos a olharem o que as outras pessoas fizeram.

5.6. Cada um terá a oportunidade de falar sobre a experiência feita.

II • REZANDO MINHA VOCAÇÃO

1. Orientações para a oração pessoal

1.1. Escolher um lugar para sua oração.
1.2. Determinar o horário e o tempo de sua oração.
1.3. Pedir a graça que deseja para esse momento de oração.
1.4. Ler e reler o texto com muita calma.
1.5. "Saborear" com o coração o que o marcou.
1.6. Concluir a oração, agradecendo ao Senhor este encontro.

2. Textos bíblicos para a oração pessoal (rezar um texto bíblico por dia)

2.1. Salmo 8 – "O que é o homem para dele te lembrares?"
2.2. Isaías 45,1-5 – "Eu sou Javé, o Deus de Israel que chama você pelo nome".
2.3. Isaías 49,15-16 – "Veja! Eu tatuei você na palma da minha mão".
2.4. Provérbios 3,13-33 – "Feliz o homem que encontrou a sabedoria".
2.5. Efésios 1,3-14 – "Ele nos predestinou para sermos seus filhos adotivos".

3. Fazer a leitura orante de cada texto bíblico

3.1. O que diz o texto? O texto fala ...
3.2. O que o texto diz para mim hoje? Penso em que preciso mudar...

3.3. O que o texto me faz dizer a Deus? Rezo, louvo, agradeço...

3.4. O que o texto me leva a fazer? Faço silêncio... escuto o que Deus me pede.

3.5. Pôr em prática o que Deus me pediu.

4. Anotar em seu caderno de oração, após cada texto bíblico, o que mais tocou seu coração

5. Compromisso de vida

5.1. Conversar com seus pais, responsáveis ou pessoa muito próxima a você, sobre suas qualidades, as qualidades deles e de pessoas de seu convívio diário.

5.2. Escreva uma carta para você mesmo, relatando quem é você. Guarde essa carta e de vez em quando releia e tente perceber se você mudou em algum detalhe.

OBS: Procure partilhar de forma transparente e simples, com o acompanhante espiritual, os sentimentos, medos, dúvidas, receios, apegos..., pois isso o ajudará em seu discernimento vocacional.

"Devemos fortalecer os sentimentos que nos levam a ter um melhor relacionamento com nós mesmos, com o criador, com os outros e com toda a natureza."

6 MINHA FAMÍLIA

I • REFLEXÃO

1. Texto

De uma forma ou de outra pertencemos a uma família. Ela é nossa referência primeira. É na família que aprendemos a desenvolver nossos sentimentos e aprendemos a viver na sociedade. Ela é fundamental para nossa estrutura humana, afetiva, social e religiosa.

Há uma grande variedade nos tamanhos das famílias, algumas são numerosas e outras são menores. Em relação à situação social, poucas são ricas, outras são de classe média e a grande maioria é pobre e, infelizmente, encontramos famílias que vivem em uma situação de miséria. No entanto, cada família tem sua história, suas marcas, sua forma de ser.

Ao observarmos nossa família, podemos nos perguntar sobre os traços da raça, da situação social e da religião. Devido à história de cada família, podemos verificar em que tipo de modelo ela se enquadra (patriarcal, matriarcal, hierárquico, circular).

Modelo Patriarcal: ocorre quando o pai é o centro de tudo e todos devem obedecer a suas ordens; não há diálogo. Aqui a mãe e os filhos não têm vez nem voz. O homem é quem sai para trabalhar e conseguir o sustento da família, e a mulher fica em casa cuidando dos filhos e dos afazeres domésticos; além de outros aspectos culturais, ele se vê no direito de direcionar a vida da família. O cuidar dos filhos e da casa não é visto como um trabalho. Esse modelo ainda é muito comum em nossa sociedade nos dias de hoje. Muitas mulheres, hoje, fazem a jornada dupla, ou seja, além dos cuidados com os filhos e com a casa, trabalham fora para ajudar no orçamento da família e mesmo assim alguns maridos continuam se impondo sobre os interesses da família.

Modelo Matriarcal: contrário ao anterior, aqui é a mãe quem dá as ordens, suas vontades e determinações devem ser seguidas; não há diálogo. Não é muito comum essa situação na maioria das famílias, mas pode acontecer. Aqui o pai e os filhos não têm vez nem voz, também.

Modelo Hierárquico: Aqui tem uma ordem a ser seguida. Primeiramente é o pai quem dá as ordens, depois vêm a mãe, o filho mais velho e depois os outros, de acordo com a idade. É um modelo comum em nossa sociedade.

Modelo Circular: É o que consideramos, nos dias de hoje, um modelo ideal, pois aqui o pai e a mãe estão no mesmo plano, há o diálogo entre si e com os filhos. Há uma busca de entendimento entre pais e filhos para encaminhar alguns problemas e tomar decisões. Todos participam como amigos.

A Família tem enfrentado, nestas últimas décadas, uma grande interferência em sua forma de ser e agir. As ideias liberalizantes, hedonistas e consumistas penetraram aos poucos na vida das pessoas, influenciando em seu comportamento e levando muitos a relativizarem os valores antes sagrados para a família. Para se ter uma ideia, quando as pessoas se casavam, diziam que era para toda a vida, e hoje, no entanto, algumas pessoas dizem com muita tranquilidade: "A gente casa e se não der certo a gente se separa".

Notamos que a realidade das separações, dos divórcios, dos casamentos imaturos, bem como os casamentos prematuros ou forçados pelos pais, quando ocorre uma gravidez indesejada na adolescência, têm provocado muitas dificuldades na vida familiar. E infelizmente a banalização do casamento e da família está se tornando comum em nossa sociedade.

Somos chamados a nos sentirmos bem em nossa família. É preciso acreditar e confiar em nossos pais ou responsáveis, acolhendo com muita abertura as orientações necessárias para nosso crescimento e ajudando no que podemos a família a viver melhor. A família pode e deve ser o local do aconchego e da harmonia para todos os seus membros. Na família podemos experimentar o amor de Deus por nós.

Se quisermos uma referência de família olhemos para a Sagrada Família, a Família de Nazaré, Jesus, Maria e José. Jesus, o filho, teve pai e mãe, viveu uma vida normal como qualquer criança, adolescente ou jovem (menos no pecado), procurava ajudar o pai na carpintaria e sua mãe nos afazeres domésticos. Jesus assumia responsabilidades e ajudava na economia de sua família. Maria, a esposa de José e a mãe de Jesus, cumpriu plenamente sua missão como esposa fiel, companheira e responsável pela casa; mulher carinhosa e atenta ao desenvolvimento de seu Filho. José, esposo de Maria e pai adotivo de Jesus, homem fiel, justo, trabalhador, ajudou Maria nessa grande missão de proteger e ajudar no desenvolvimento de Jesus, o Filho amado de Deus-Pai.

Além das passagens da Sagrada Família, encontramos muitas outras histórias, na Bíblia Sagrada, que mostram o quanto a família era valorizada e respeitada pelo povo de Deus do Antigo e do

Novo Testamento. Ao entrarmos em contato com essas passagens poderemos aprender a amar e a respeitar ainda mais a vida familiar.

Nossa fé cristã ajuda-nos a compreender que fazemos parte de outra grande família, a Família de Deus, a Igreja. Nessa família Deus é nosso Pai, Jesus é nosso Deus-irmão, que nos deu Maria, sua mãe, como nossa mãe. Pertencendo a essa família devemos amar a todos os seres humanos como nossos irmãos e irmãs. O Batismo é a porta de entrada para fazermos parte dessa família.

2. Bibliografia para aprofundamento do texto

2.1. BIFFIA, Sonia. & DE CHIARO Rosabel. *Família e Vida*. São Paulo, Paulus, 2007
2.2. TIERNO, Bernabé. *Viver em família, oficio de ser pai e mãe*. São Paulo, Paulus, 2004.

3. Questões para aprofundamento:

3.1. Qual a origem de sua família? De onde vieram seus avós e seus pais? Qual a raça que predomina em sua família, a negra, a branca, a vermelha, a amarela ou a mestiça?
3.2. Em qual modelo se encaixa sua família, a patriarcal, a matriarcal, a hierárquica ou a circular? Como você se sente dentro dela?
3.3. Sua família tem uma prática religiosa? Qual? E como os membros de sua família participam da comunidade?
3.4. Lembre-se de um momento muito positivo em sua família. Lembre-se, também, de um momento difícil da família.

3.5. Como você se relaciona com seu pai, com sua mãe, com seus irmãos (se tiver)?
3.6. Caso seus pais sejam separados como se relaciona com eles? Qual o seu sentimento em relação à separação?
3.7. Qual a influência de sua família em seu processo vocacional?

4. Músicas

4.1. *Oração da Família* (Pe. Zezinho).
4.2. *Utopia* (Pe. Zezinho).

5. Atividade pessoal ou grupal

Sondando minha família

Objetivo: Refletir sobre a importância da família em nossa vida.

5.1. Entregar uma folha para cada participante e orientar a.
5.2. Escrever o nome de seu pai e três qualidades dele.
5.3. Escrever o nome de sua mãe e três qualidades dela.
5.4. Escrever o nome de seus irmãos, caso tenha algum, e uma qualidade de cada um deles.
5.5. Destaque uma qualidade de seu pai, e depois de sua mãe, que você gostaria de ter e apresente o porquê de sua escolha.
5.6. Cite uma qualidade que você tem, a qual acredita que tenha herdado de sua família.
5.7. No geral, o que você mais admira em sua família?
5.8. Partilhar em grupo suas respostas.

II • REZANDO MINHA VOCAÇÃO

1. Orientações para a oração pessoal

1.1. Escolher um lugar para sua oração.
1.2. Determinar o horário e o tempo de sua oração.
1.3. Pedir a graça que deseja para esse momento de oração.
1.4. Ler e reler o texto com muita calma.
1.5. "Saborear" com o coração o que o marcou.
1.6. Concluir a oração, agradecendo ao Senhor este encontro.

2. Textos bíblicos para a oração pessoal (rezar um texto bíblico por dia)

2.1. Gênesis 12,1-3 – "Em você, todas as famílias da terra serão abençoadas".
2.2. Lucas 2,42-52 – "Olhe que seu pai e eu estávamos angustiados a sua procura".
2.3. Mateus 19,3-6 – "Portanto, eles já não são dois, mas uma só carne".
2.4. Efésios 2,19-22 – "Vocês... são membros da família de Deus".
2.5. João 17,6-26 – "Para que todos sejam um, como tu, Pai, estás em mim e eu em ti".

3. Fazer a leitura orante de cada texto bíblico

3.1. O que diz o texto? O texto fala ...
3.2. O que o texto diz para mim hoje? Penso em que preciso mudar...
3.3. O que o texto me faz dizer a Deus? Rezo, louvo, agradeço...
3.4. O que o texto me leva a fazer? Faço silêncio... escuto o que Deus me pede.
3.5. Pôr em prática o que Deus me pediu.

4. Anotar em seu caderno de oração, após cada texto bíblico, o que mais tocou seu coração

5. Compromisso de vida

- 5.1. Nestes dias em que você está refletindo sobre a família, procure observar os diversos sentimentos que você tem em relação a ela em seu dia a dia (dores, tristezas, ressentimentos, alegria, satisfação, amor, carinho, reconhecimento etc.).
- 5.2. Procure assumir sua família como ela é. Peça em suas orações para que Deus a abençoe e proteja.

OBS: Procure partilhar de forma transparente e simples, com o acompanhante espiritual, os sentimentos, medos, dúvidas, receios, apegos..., pois isso o ajudará em seu discernimento vocacional.

"Na família podemos experimentar o amor de Deus por nós."

7 JOVEM: SER FEMININO E SER MASCULINO

I • REFLEXÃO

1. Texto

Entramos agora em um assunto que fala diretamente sobre nossa identidade de homem ou de mulher. A princípio parece algo simples e fácil definir o que é ser um homem ou o que é ser uma mulher; no entanto, diante dos diversos valores ou contravalores que a sociedade nos apresenta, muitas confusões e complexidades influenciaram nossa juventude.

Para ajudar a refletir esse tema tão complexo, abordaremos, ainda que de forma sintética, três aspectos fundamentais do ser humano: As Relações de Gênero, a Sexualidade e o Amor.

Quanto às Relações de Gênero, podemos dizer que desde nosso nascimento fazemos parte do gênero masculino ou do gênero feminino e a própria Bíblia no livro do Gênesis, 2,18, diz-nos: "Deus criou o homem e a mulher a sua imagem e semelhança". Pelo fato de nascermos com órgãos genitais e aparelho reprodutor masculino ou feminino, trazemos e adquirimos formas e condutas próprias do grupo ao qual pertencemos. Aparentemente, isso é tão óbvio que quando nasce uma criança logo a identificamos como um menino ou menina pelos órgãos genitais. A partir dessa constatação os adultos mais próximos, pais, tios, irmãos e outros passam para essa criança a maneira de ser e de se comportar conforme seu gênero.

Em relação à sexualidade, podemos dizer que é um termo que vai além do sexo, embora encontremos pessoas que acham que é a mesma coisa. Quando falamos de sexo, estamos falando de um conjunto de características que identificam um homem e uma mulher e quando falamos de um ato sexual estamos falando do encontro de um homem e uma mulher; levados pelo instinto e pelo desejo acabam copulando, em uma linguagem mais popular, podemos dizer: acabam "transando". Enquanto o termo sexualidade tem uma amplitude maior, pois ela tem a ver com a afetividade, o carinho e o respeito de uma pessoa com a outra, que não se dá só através de uma "transa", mas através de uma boa conversa, da atenção, do respeito à outra pessoa e a si mesmo. O ato sexual é vivido como extensão do amor e do carinho entre duas pessoas e traz consigo o sentido de continuidade da vida.

Quanto ao amor, podemos dizer que é o sentimento mais bonito e saudável que existe no ser humano. Existimos para amar e sermos amados. Deus nos deu a vida por amor e dentro de cada um de nós plantou a semente do amor. Cabe a nós cuidarmos, regarmos e darmos condições para que essa semente cresça e se desenvolva em nós. Jesus Cristo nos ensinou que toda a lei e todos os mandamentos se resumem em dois mandamentos: "Amar a Deus sobre todas as coisas e ao próximo como a si mesmo". Quando uma pessoa escolhe a outra para se casar, tem sentido se houver o amor entre o casal e, se assim for, ao receberem as bênçãos de Deus poderão ser felizes, um ao lado do outro. É claro que o amor não se esgota só entre um casal de namorados ou entre marido e mulher, pois o casal quando se ama tem seus filhos por amor e procurará dar o afeto, o carinho e o amor necessários ao desenvolvimento deles. O amor também é doação e serviço ao outro em uma comunidade e em todos os lugares onde frequentamos. Encontramos muitas pessoas que por amor entregam-se a Deus através da vida sacerdotal e da vida consagrada, procurando seguir os passos de Jesus na missão de amar e servir aos irmãos, principalmente aos mais necessitados. Sobre o amor encontramos o fecundo pensamento de São Paulo Apóstolo quando escreveu à comunidade de Corinto e que serve para nós hoje: "Agora, portanto, permanecem estas três coisas: a fé, a esperança e o amor. A maior delas, porém, é o amor" (1Cor 13,13).

2. Bibliografia para aprofundamento do texto

2.1. MARTINEZ, T. Priego & PASCUAL, C. Puerto. *Compreender a sexualidade, para uma orientação integral*. São Paulo, Paulinas, 1998.

2.2. CAVALIERE, Raffaele. *Autoanálise, um caminho para se descobrir a si mesmo e enfrentar a vida de modo positivo*. São Paulo, Paulus, 1999, p. 9-34.

3. Questões para aprofundamento

3.1. O que você pensa sobre seu corpo? Convive bem com ele?
3.2. O que seus amigos e amigas dizem sobre o próprio corpo ou sobre o corpo dos outros?
3.3. É possível buscar o prazer sem se deixar levar pela mentalidade consumista e egoísta da atualidade?

4. Músicas

4.1. *Amor maior* (Rogério Flausino).
4.2. *Nova civilização* (Focolares).

5. Atividade pessoal ou grupal

Revisitando a sexualidade

Objetivo: Buscar uma maior compreensão sobre nossa sexualidade.

Realizar uma dramatização.

5.1. Pedir seis voluntários e dividi-los em três duplas.
5.2. Apresentar três temas: Relações de Gênero (feminino e masculino), Sexo e Sexualidade e Amor. Em seguida solicitar que cada dupla escolha um tema.
5.3. Dar um minuto para cada dupla pensar em uma cena que traga o tema escolhido.
5.4. Dar início às apresentações.
5.5. Abrir os temas para o grupo debater a partir das cenas.
5.6. Montar uma cena com os três temas e com os mesmos voluntários.
5.7. Compartilhar o sentimento e a percepção brotados a partir da cena.

II • REZANDO MINHA VOCAÇÃO

1. Orientações para a oração pessoal

1.1. Escolher um lugar para sua oração.
1.2. Determinar o horário e o tempo de sua oração.
1.3. Pedir a graça que deseja para esse momento de oração.
1.4. Ler e reler o texto com muita calma.
1.5. "Saborear" com o coração o que o marcou.
1.6. Concluir a oração, agradecendo ao Senhor este encontro.

2. Textos bíblicos para a oração pessoal (rezar um texto bíblico por dia)

2.1. Gênesis 2,21-24 – "Esta sim é osso de meus ossos e carne de minha carne!"
2.2. Salmo 139/138 – "Javé, tu me sondas e me conheces".
2.3. I Coríntios 6,12-20 – "Vocês não sabem que seus corpos são membros de Cristo?"
2.4. Efésios 5,25-33 – "Quem ama a sua mulher está amando a si mesmo".
2.5. I Pedro 3,8-12 – "Sejam compassivos, cheios de amor fraterno, misericordiosos e de espírito humilde".

3. Fazer a leitura orante de cada texto bíblico

3.1. O que diz o texto? O texto fala...
3.2. O que o texto diz para mim hoje? Penso em que preciso mudar...

3.3. O que o texto me faz dizer a Deus? Rezo, louvo, agradeço...
3.4. O que o texto me leva a fazer? Faço silêncio... escuto o que Deus me pede.
3.5. Pôr em prática o que Deus me pediu.

4. Anotar em seu caderno de oração, após cada texto bíblico, o que mais tocou seu coração

5. Compromisso de vida

5.1. Procure analisar atentamente como vários programas de TV trabalham para segurar os telespectadores explorando o corpo humano, principalmente o das mulheres.
5.2. Converse com seus pais, amigos e pessoas próximas a você sobre o amor, a sexualidade e o sexo.

OBS: Procure partilhar de forma transparente e simples, com o acompanhante espiritual, os sentimentos, medos, dúvidas, receios, apegos..., pois isso o ajudará em seu discernimento vocacional.

"Todos os dons são importantes, mas o maior deles é o amor."

8 PERCEBENDO OS SENTIMENTOS

I • REFLEXÃO

1. Texto

O que são sentimentos? Quando falamos em sentimentos – emoções, afetividade –, o que desejamos expressar?

Sentimento é a condição humana de amar, odiar, alegrar, entristecer, apaixonar, enraivecer, de sentir bem-estar, de sentir medo, de sentir coragem. É a capacidade de oferecer gestos de carinho, afeto, ternura, bem como de recebê-los. É o modo de querer bem ou não o outro ser humano.

Por essas considerações podemos perceber que em cada ser humano há uma complexidade carregada de sentimentos. É sempre válido lembrar que essa complexidade humana é composta pela parte biológica (corpo), parte psicológica (razão e sentimentos), sociológica (influência das diversas pessoas sobre ele), sem deixar de notar a influência da cultura e da religião sobre cada indivíduo. Embora todos esses aspectos que configuram o ser humano sejam importantes, vamos nos voltar para a dimensão psicológica, especificamente na parte que envolve os sentimentos.

Os sentimentos são produzidos tanto na mente como no corpo. Muitas vezes os sentimentos ficam estampados nas expressões corporais das pessoas, e é por isso mesmo que algumas pessoas falam: "o corpo fala". As emoções são fundamentais e decisivas nos diversos momentos de nossos relacionamentos e de comunicações. Muitas vezes, torna-se impossível expressar nossos sentimentos e nossas emoções com palavras, e muitas vezes elas se revelam pelo choro, pelo beijo, pelo sorriso e outras manifestações.

A construção de nossas reações emocionais não é simples de evidenciar, no entanto através de estudiosos da área dos sentimentos e comportamentos humanos, como psicólogos, psicanalistas e psiquiatras, temos uma compreensão razoável da origem dos sentimentos. Os estudos levaram a compreender que o ser humano já no ventre materno, bem como nos primeiros dias, meses e anos de vida, através do contato com a mãe, pai e outras pessoas próximas, recebe influências no desenvolvimento de seus sentimentos e de suas emoções.

Quando uma criança tem a graça de ter pais responsáveis e equilibrados emocionalmente, ela terá um desenvolvimento saudável e terá condições de expressar seus desejos e sentimentos com mais desenvoltura, o que não impede de encontrar pela frente situações que poderão abalar suas estruturas emocionais.

Por outro lado, quando uma criança tiver de enfrentar pais irresponsáveis ou desequilibrados emocionalmente, ela poderá apresentar problemas emocionais, dificultando sua convivência com outros. Diante de uma situação de desequilíbrio emocional torna-se necessário buscar uma ajuda psicológica com um profissional, com o intuito de compreender, superar e até mesmo saber como lidar com o problema sentimental.

2. Bibliografia para aprofundamento do texto

2.1. TIERNO, Bernabé. *A Psicologia dos jovens e adolescentes*. São Paulo, Paulus, 2007.
2.2. ARAGON, I. Cortês & Diez, J. Aragón. *Autoestima, compreensão e prática*. São Paulo, Paulus, 2004.
2.3. MENEZES. Onofre A. *Ajude a si mesmo*. São Paulo, Paulus, 1995.
2.4. WERNECK, Hamilton. *Educar é sentir as pessoas*. Aparecida, Ideias e Letras, 2004.

3. Questões para aprofundamento

3.1. Quais sentimentos seus são mais visíveis e percebidos por você?
3.2. Você esconde seus sentimentos?
3.3. Em relação a seus pais: seus sentimentos são mais parecidos com os de seu pai ou de sua mãe ou dos dois?
3.4. Que sentimento você precisa trabalhar melhor em você?
3.5. Quais os sentimentos mais comuns de Jesus?

4. Músicas

4.1. *Mistérios* (Zé Vicente).
4.2. *Pais e filhos* (Renato Russo).
4.3. *Amor pra recomeçar* (Maurício Barros, Mauro Santa Cecília).

5. Atividade pessoal ou grupal

"Brincando com os sentimentos"

Objetivo: Ampliar a visão sobre os diversos sentimentos que podemos ter e as formas diversificadas de expressá-los.

5.1. Escrever diversos tipos de sentimentos e emoções (amor, ódio, tristeza, alegria, raiva, paz, vingança, felicidade, depressão, determinação e outros) em uma etiqueta.

5.2. Sem que a pessoa veja, coloque na testa dela a etiqueta com um sentimento, fazer o mesmo com cada pessoa do grupo.

5.3. Orientar as pessoas a se locomoverem e sem falar nada fazer a expressão que está marcada na etiqueta da pessoa que você encontrar.

5.4. Dar tempo para todos passarem por todos.

5.5. Fazer uma rodada para que cada um tente adivinhar que tipo de sentimento estava escrito em sua etiqueta.

5.6. Abrir a palavra para as pessoas compartilharem algo sobre seus sentimentos.

II • REZANDO MINHA VOCAÇÃO

1. Orientações para a oração pessoal

1.1. Escolher um lugar para sua oração.
1.2. Determinar o horário e o tempo de sua oração.
1.3. Pedir a graça que deseja para esse momento de oração.
1.4. Ler e reler o texto com muita calma.
1.5. "Saborear" com o coração o que o marcou.
1.6. Concluir a oração, agradecendo ao Senhor este encontro.

2. Textos bíblicos para a oração pessoal (Rezar um texto bíblico por dia)

2.1. Lucas 10,38-42 – "Marta, Marta! Você se preocupa e anda agitada com muitas coisas...".
2.2. João 11,32-36 – "Jesus começou a chorar".
2.3. Mateus 26,47-56 – Disse Judas, o traidor: "Jesus é aquele que eu beijar; prendam".
2.4. Lucas 15,11-32 – "Quando ainda estava longe, o pai o avistou e teve compaixão".
2.5. Lucas 10,25-38 – "Ame o Senhor, seu Deus, com todo o seu coração, com toda a sua alma, com toda a sua força e com toda a sua mente; e ao teu próximo como a si mesmo".

3. Fazer a leitura orante de cada texto bíblico

3.1. O que diz o texto? O texto fala...
3.2. O que o texto diz para mim hoje? Penso em que preciso mudar...
3.3. O que o texto me faz dizer a Deus? Rezo, louvo, agradeço...

3.4. O que o texto me leva a fazer? Faço silêncio... escuto o que Deus me pede.
3.5. Pôr em prática o que Deus me pediu.

4. Anotar em seu caderno de oração, após cada texto bíblico, o que mais tocou seu coração

5. Compromisso de vida

5.1. Observe e anote em um caderno, em cada dia da semana, os diversos sentimentos manifestados por você e veja o que eles provocaram a seu redor e em você.
5.2. Quais os sentimentos que lhe deixam bem?
5.3. Quais os sentimentos que lhe deixam mal?

OBS: Procure partilhar de forma transparente e simples, com o acompanhante espiritual, os sentimentos, medos, dúvidas, receios, apegos..., pois isso o ajudará em seu discernimento vocacional.

Sentimento é a capacidade humana de oferecer gestos de carinho, afeto, ternura, bem como recebê-los.

9 OS RELACIONAMENTOS

I • REFLEXÃO

1. Texto

Sabemos que o ser humano é um ser de relações, ou seja, é um ser que necessita comunicar-se e relacionar-se. Nenhuma pessoa é uma ilha por mais que queira viver sozinha. É através dos diversos tipos de relacionamentos que uma pessoa pode crescer e desenvolver seus sentimentos. Relacionamo-nos com nós mesmos, com os outros, com o meio ambiente e com Deus.

Diante do contato com nós mesmos é preciso desenvolver o autoconhecimento, procurando compreender os sentimentos, as reações, o modo de comportar-se, as qualidades, os limites, gostos e repulsas presentes em nosso ser.

Diante dos outros precisamos encontrar uma maneira saudável de nos relacionarmos com as pessoas. Com algumas pessoas temos mais facilidade de nos relacionarmos; com outras, precisamos de um maior esforço; de outras parece que, apesar de todo esforço, não conseguimos nos aproximar.

Não podemos nunca desistir de nos relacionarmos com os outros, simplesmente porque são diferentes de nós. É bom lembrarmos que é o diferente que nos faz crescer. Relacionar com o outro é uma arte e nessa busca não podem faltar o respeito, o diálogo, a sinceridade, o amor e a solidariedade.

Diante do meio ambiente nossa relação tem de ser de respeito, valorização e cuidado. Como São Francisco rezava e cantava, a natureza é nossa irmã. Nossa relação com a natureza (animais, vegetais, minerais) não pode ser só de exploração, visando apenas a nosso bem-estar, aliás, é por causa da ganância humana que estamos passando por muitos problemas ecológicos. Deus ao nos criar deu-nos a responsabilidade de cuidar da natureza; assumamos com alegria a vontade do Pai.

Diante de Deus o relacionamento nosso deve ser de gratidão, porque nos deu a vida; de amor, porque ele nos amou por primeiro; de confiança, porque nele podemos depositar toda a nossa esperança. Deus demonstrou tanto amor por nós que nos enviou seu Filho muito amado, Jesus Cristo, que, por amor a nós e para nos salvar, morreu crucificado.

2. Bibliografia para aprofundamento do texto

2.1. MENEZES, Onofre A. *A arte de relacionar-se*. São Paulo, Paulus, 1993.
2.2. PRETTE, Almir Del & PRETE, Zilda A. P. *Psicologia das relações interpessoais*. Petrópolis, Vozes, 2001.

3. Questões para aprofundamento

3.1. De 0 a 10 que nota você daria para sua forma de relacionar-se com as pessoas? Por que essa nota?

3.2. Como você se relaciona com você mesmo, com os membros de sua família, com outras pessoas, com o meio ambiente e com Deus?

3.3. O que mais atrapalha você a se aproximar ou a se relacionar com uma pessoa ou grupo?

3.4. Qual qualidade sua o tem ajudado a se relacionar bem com as pessoas?

4. Músicas

4.1. *Deus infinito* – "Te Deum" (Pe. Zezinho).
4.2. *Irmão Sol com Irmã Luz* (Fr. Fabretti).
4.3. Momento novo (Ernesto B. Cardoso e outros).
4.4. *Oração de um jovem triste* (Antônio Marcos).

5. Atividade pessoal ou grupal

A procura de relacionamentos

Objetivo: Refletir sobre os relacionamentos e verificar as possibilidades de conviver com o diferente.

5.1. Apresentar o texto "O Encontro de dois porcos espinhos" e pedir para todos lerem.

5.2. Cada pessoa poderá destacar o que mais achou interessante do texto.

5.3. O que o texto tem a ver com nossos relacionamentos?

O encontro de dois porcos espinhos

Certa vez em uma floresta da Europa, em uma época de extremo frio, dois porcos espinhos se encontraram e estavam tremendo de frio. Ainda não havia anoitecido e a previsão era que de noite o frio iria aumentar.

Os dois estavam preocupados com a própria sobrevivência, pois se já não estavam aguentando de tanto frio na parte da tarde, imagina de noite. Tiveram a feliz ideia de se juntarem para um esquentar o outro. A primeira tentativa foi muito frustrante, pois assim que se encontraram um espetou o outro e os dois saíram correndo cada um para um lado. Logo em seguida, aproximaram-se de novo, na esperança que desse certo dessa vez, no entanto, a espetada um no outro foi mais forte ainda. Voltaram a fazer mais uma tentativa e mais uma vez se machucaram e se distanciaram.

Os porcos espinhos estavam desolados, mas para eles não haveria outra saída para superar o frio a não ser o calor que um poderia passar para o outro através do corpo. Foi então que com muito cuidado, e aos poucos, foram se aproximando, foram se ajeitando, procurando não ferir o outro, com algumas espetadelas aqui e outra ali, mas que ambos suportaram. Assim conseguiram ficar juntos, aqueceram-se e venceram aquele terrível frio da floresta da Europa.

II • REZANDO MINHA VOCAÇÃO

1. Orientações para a oração pessoal

1.1. Escolher um lugar para sua oração.
1.2. Determinar o horário e o tempo de sua oração.
1.3. Pedir a graça que deseja para esse momento de oração.
1.4. Ler e reler o texto com muita calma.
1.5. "Saborear" com o coração o que o marcou.
1.6. Concluir a oração, agradecendo ao Senhor este encontro.

2. Textos bíblicos para a oração pessoal (rezar um texto bíblico por dia)

2.1. Marcos 12,28-34 – "Ame ao Senhor seu Deus com todo o seu coração, com toda a sua alma, com todo o seu entendimento e com toda a sua força".
2.2. 2Coríntios 9,6-15 – "Quem semeia com generosidade, com generosidade há de colher".
2.3. Lucas 10,25-37 – "Ame o seu próximo como a si mesmo".
2.4. Lucas 6,27-36 – "Sejam misericordiosos, como também o Pai de vocês é misericordioso".
2.5. Lucas 12,58-59 – "Procure resolver o caso com o adversário enquanto estão a caminho".

3. Fazer a leitura orante de cada texto bíblico

3.1. O que diz o texto? O texto fala...
3.2. O que o texto diz para mim hoje? Penso em que preciso mudar...

3.3. O que o texto me faz dizer a Deus? Rezo, louvo, agradeço...
3.4. O que o texto me leva a fazer? Faço silêncio... escuto o que Deus me pede.
3.5. Pôr em prática o que Deus me pediu.

4. Anotar em seu caderno de oração, após cada texto bíblico, o que mais tocou seu coração

5. Compromisso de vida

5.1. Procure ser testemunha de acolhida em sua família, em sua comunidade, em sua escola, em seu trabalho.
5.2. Avalie sua forma de relacionar-se em cada um desses locais apontados acima e veja em que você pode melhorar.

OBS: Procure partilhar de forma transparente e simples, com o acompanhante espiritual, os sentimentos, medos, dúvidas, receios, apegos..., pois isso o ajudará em seu discernimento vocacional.

"Nenhuma pessoa é uma ilha por mais que queira viver sozinha."

10. O BATISMO

I • REFLEXÃO

1. Texto

Batismo significa mergulho na água, onde morremos para o pecado e nascemos para uma vida nova sem pecado. O batismo cristão também tem o significado de mergulho e em nosso rito a água é um símbolo indispensável, mas aqui mais do que sermos mergulhados na água, somos mergulhados em Deus, que nos acolhe, que nos envolve, que nos ama, que nos perdoa e nos dá o Espírito Santo para viver em seu amor seguindo os passos de Jesus, dando continuidade à missão de levar a todos a proposta do Reino de Deus.

O Antigo Testamento através dos diversos livros nos mostra que o povo de Deus, iniciado com Abraão e sua família, fez uma profunda experiência de Deus, desde à sua saída de Ur até chegar a Canaã. Na caminhada até a terra onde Deus lhe prometeu uma grande descendência, outros grupos e pessoas foram se juntando a ele. Para entronizar outros povos ao povo de Deus havia um ritual de circuncisão e um batismo de purificação realizado em meio a testemunhas da comunidade.

Mais de mil anos depois, quando Jesus Cristo já estava no meio de nós, o Novo Testamento nos mostra que João Batista realizava um batismo de conversão, ou seja, convidava as pessoas a mudarem de vida enquanto era tempo, e todas as pessoas que mostravam disposição para mudar de vida eram batizadas por João. João dizia a todos que ele batizava com água, mas que viria alguém maior do que ele, pois batizaria com o Espírito Santo.

Nesse contexto, Jesus se apresenta para receber o batismo para que se cumpram as escrituras; e João batizou Cristo, mas disse às pessoas que não era digno nem de desatar as sandálias de nosso Mestre e Senhor. Nesse ato Jesus mostra-se solidário com os homens e mulheres, colocando-se humildemente como um de nós. No batismo de Jesus, Deus Pai nos revela que Jesus é seu Filho muito amado, no qual podemos confiar plenamente.

Antes de Jesus subir aos céus, reunido com seus discípulos, convoca-os para irem por todo o mundo pregar o Evangelho e batizar a todos em nome do Pai, do Filho e do Espírito Santo; e todo aquele que crer e for batizado será salvo. Com essa narrativa, fica claro para nós que o batismo é a porta de entrada de nossa fé cristã. Através desse sacramento, deixado por Jesus, iniciamos nossa caminhada de consagrados a Deus; assumimos o Evangelho de Jesus e, com disposição, devemos anunciá-lo às pessoas.

2. Bibliografia para aprofundamento do texto

2.1 – CATECISMO DA IGREJA CATÓLICA – O Sacramento do Batismo, n. 1213 – 1274.
2.2 – ROMAN, Ernesto N. *O batismo para o povo*. São Paulo, Paulus, 2002.

3. Questões para aprofundamento

3.1. Qual a importância dos pais e padrinhos na vida de uma criança batizada?
3.2. Como você vive seu batismo? Como você testemunha a fé em Jesus Cristo?
3.3. Qual deve ser a postura de um cristão na sociedade dos dias de hoje?
3.4. Como batizado, você se sente discípulo e missionário de Jesus Cristo? Fale com alguém sobre seu seguimento a Jesus.

4. Músicas

4.1. *Mergulho na água* (Pe. José Cândido da Silva).
4.2. *Água Santa!* (Ir. Miria Kolling).
4.3. *O Batismo nos torna missionários* (Fr. Luiz Turra).

5. Atividade pessoal ou grupal

Símbolos do Batismo

Objetivo: Aprofundar o conhecimento dos símbolos do batismo e verificar a importância deles em nossa vida.

5.1. Apresentar os símbolos do batismo aos participantes: Óleo, Água, Círio Pascal, Vela, Toalha Branca, Sal, Bíblia, Sacramentário.
5.2. Solicitar que todos olhem para esses símbolos e depois pedir para escolherem um deles.
5.3. Partilhar sobre o símbolo escolhido e sua importância na Liturgia do Batismo.

II • REZANDO MINHA VOCAÇÃO

1. Orientações para a oração pessoal

1.1. Escolher um lugar para sua oração.
1.2. Determinar o horário e o tempo de sua oração.
1.3. Pedir a graça que deseja para esse momento de oração.
1.4. Ler e reler o texto com muita calma.
1.5. "Saborear" com o coração o que o marcou.
1.6. Concluir a oração, agradecendo ao Senhor este encontro.

2. Textos bíblicos para a oração pessoal (rezar um texto bíblico por dia)

2.1. Lucas 3,1-17 – "E João percorria toda a região ... pregando um batismo de conversão".
2.2. Marcos 1,1-6 – "Eu batizei vocês com água, mas ele batizará com o Espírito Santo".
2.3. Mateus 3,13-17 – "Este é meu Filho amado, que muito me agrada".
2.4. Romanos 6,1-11 – "Pelo Batismo fomos sepultados com Ele na morte...".
2.5. Mateus 28,16-20 – "Vão e façam que todos os povos sejam discípulos meus, batizando-os em nome do Pai, do Filho e do Espírito Santo".

3. Fazer a leitura orante de cada texto bíblico

3.1. O que diz o texto? O texto fala...
3.2. O que o texto diz para mim hoje? Penso em que preciso mudar...
3.3. O que o texto me faz dizer a Deus? Rezo, louvo, agradeço...

3.4. O que o texto me leva a fazer? Faço silêncio... escuto o que Deus me pede.

3.5. Pôr em prática o que Deus me pediu.

4. Anotar em seu caderno de oração, após cada texto bíblico, o que mais tocou seu coração

5. Compromisso de vida

5.1. Procure conversar com seus pais e padrinhos sobre o dia de seu batismo.

5.2. Participe de uma celebração de batismo e procure entender a riqueza de cada símbolo da celebração (Óleo, Vela, Água, Veste Branca etc.).

5.3. Qual o dia em que você foi batizado?

OBS: Procure partilhar de forma transparente e simples, com o acompanhante espiritual, os sentimentos, medos, dúvidas, receios, apegos..., pois isso o ajudará em seu discernimento vocacional.

Através do batismo iniciamos nossa caminhada de consagrados a Deus, assumimos o Evangelho de Jesus e, com disposição, devemos anunciá-lo às pessoas.

11 SER CRISTÃO

I • REFLEXÃO

1. Texto

Como já está claro no próprio nome, Cristão tem a ver com Cristo, tem a ver com aquela pessoa que segue a pessoa de Jesus Cristo. A pessoa torna-se um cristão pelo Sacramento do Batismo, a partir do qual a pessoa assume sua filiação divina, consagrando-se a Deus, aceita Jesus Cristo como Senhor de sua vida, abraçando o Evangelho, e se dispõe a testemunhar e anunciar a Boa Nova a todos os povos. Como Cristãos somos discípulos e missionários de Jesus Cristo em todos os lugares onde estivermos.

Infelizmente, muitas pessoas, que são batizadas ou que fazem a primeira comunhão e são crismadas, não assumem sua vida de cristãos, dando um contratestemunho, através de práticas não condizentes com o Evangelho de Jesus Cristo. Portanto para ser Cristão não basta só ser batizado, é preciso viver os ensinamentos de Jesus.

A maioria de nós foi batizada quando criança, e nossos pais e padrinhos assumiram a responsabilidade de nos ajudar a crescer na fé. Com nove ou dez anos fizemos a preparação catequética para receber a Eucaristia, período que nos auxiliou a termos um pouco mais de convicção sobre nosso ser cristão e assim aprofundar um pouco mais nossa fé cristã católica.

Na adolescência nos preparamos para sermos crismados e aí confirmamos que realmente queremos ser cristãos, que queremos seguir Jesus Cristo, que queremos viver, testemunhar e anunciar a Boa-nova do Reino a outras pessoas.

Cabe a cada cristão praticar a fé que professou através da vida de oração pessoal e comunitária. É fundamental a participação do cristão na vida da comunidade, pois nesse espaço e local podemos assumir serviços e ministérios de acordo com os dons que Deus nos deu e a partir das necessidades da Igreja. O cristão precisa viver os valores do Evangelho também na sociedade, onde podemos dar um testemunho explícito, vivendo a prática do amor, da justiça e da solidariedade, aos mais pobres e necessitados, como Jesus nos ensinou.

Se todos os que se dizem cristãos realmente assumirem sua fé haverá no mundo mais amor, justiça, paz, vida, alegria, esperança, diálogo, respeito. E estaremos dando uma grande contribuição para que um dia todos os povos se sintam irmãos e corresponsáveis uns pelos outros.

2. Bibliografia para aprofundamento do texto

2.1. CABARRÚS, Carlos R. *Discernir na Igreja hoje*. São Paulo, CRB e Loyola, 1998.
2.2. COMBLIN, José. *Vocação para a liberdade*. São Paulo, Paulus, 1998.
2.3. GULA, Richard M. *Ética no ministério pastoral*. São Paulo, Loyola, 1996.

3. Questões para aprofundamento

3.1. Hoje, ainda é possível encontrar pessoas dispostas a servir e amar sem medidas? Cite alguns nomes.
3.2. Como você demonstra seu amor às pessoas?
3.3. Qual o tipo de serviço que você realiza em sua casa, em sua família?
3.4. As pessoas de sua família procuram amar e servir? Como?
3.5. O que você pode fazer para melhorar o serviço em sua comunidade?

4. Músicas

4.1. *Amar como Jesus amou* (Pe. Zezinho).
4.2. *Senhor, se tu me chamas* (Luiz Carlos Susin).
4.3. *Povo novo* (Zé Vicente).

5. Atividade pessoal ou grupal

Testemunhas do Reino

Objetivo: Verificar, através do levantamento de nomes de pessoas comprometidas com o Santo Evangelho, que a nossa sociedade pode continuar sonhando com um mundo mais justo e fraterno.

5.1. Orientar cada participante a escrever em uma folha o nome de pessoas que dão um bom exemplo de cristãos.
5.2. Em seguida pedir para que descrevam duas qualidades de cada um dos cristãos citados.
5.3. Cada participante poderá apresentar em forma de partilha os cristãos acima citados, bem como suas qualidades.

II • REZANDO MINHA VOCAÇÃO

1. Orientações para a oração pessoal

1.1. Escolher um lugar para sua oração.
1.2. Determinar o horário e o tempo de sua oração.
1.3. Pedir a graça que deseja para este momento de oração.
1.4. Ler e reler o texto com muita calma.
1.5. "Saborear" com o coração o que o marcou.
1.6. Concluir a oração, agradecendo ao Senhor este encontro.

2. Textos bíblicos para a oração pessoal (rezar um texto bíblico por dia)

2.1. Lucas 10,25-37 – "Em sua opinião, qual dos três foi o mais próximo do homem? ... Aquele que praticou misericórdia".
2.2. Atos 2,42-47 – "Todos os que abraçaram a fé eram unidos e colocavam em comum todas as coisas".
2.3. Mateus 5,38-42 – "Dê a quem lhe pedir...".
2.4. Marcos 10,41-45 – "... quem de vocês quiser ser o primeiro deverá tornar-se o servo de todos".
2.5. Mateus 25,31-46 – "Recebam como herança o Reino que meu Pai lhes preparou desde a criação do mundo".

3. Fazer a leitura orante de cada texto bíblico

3.1. O que diz o texto? O texto fala...
3.2. O que o texto diz para mim hoje? Penso em que preciso mudar...
3.3. O que o texto me faz dizer a Deus? Rezo, louvo, agradeço...

3.4. O que o texto me leva a fazer? Faço silêncio... escuto o que Deus me pede.
3.5. Pôr em prática o que Deus me pediu.

4. Anotar em seu caderno de oração, após cada texto bíblico, o que mais tocou seu coração

5. Compromisso de vida

5.1. Reconhecer, nas pessoas que exercem a autoridade, o ministério do serviço, assim como foi ensinado por Jesus. Ajudá-las e, com elas, procure fortalecer o sentido de "ser testemunha".
5.2. Procure perceber se as pessoas que exercem autoridade, na família, na comunidade, na escola, na sociedade, fazem-no conforme o ensinamento de Jesus.
5.3. Colocar-se a serviço de forma gratuita em sua comunidade.

OBS: Procure partilhar de forma transparente e simples, com o acompanhante espiritual, os sentimentos, medos, dúvidas, receios, apegos..., pois isso o ajudará em seu discernimento vocacional.

"É fundamental a participação do cristão na vida da comunidade, pois nesse espaço e local podemos assumir serviços e ministérios de acordo com os dons que Deus nos deu e a partir das necessidades da Igreja."

12. O PECADO

I • REFLEXÃO

1. Texto

O pecado é uma atitude prejudicial que alguém realiza conscientemente e livremente. A pessoa pode cometer pecados graves ou leves; e a prática do mal distancia a pessoa de Deus. À medida que os filhos vão se afastando de Deus e de sua vontade, vão se tornando pessoas frias, tristes, solitárias, vazias, angustiadas, preocupadas, enraivecidas e rancorosas.

Ao fazer um exame de consciência para saber sobre os pecados cometidos, precisamos pensar na dimensão do amor, ou seja, devo me perguntar quando, através de minhas atitudes, deixei de amar a Deus, ao meu próximo e a mim mesmo. Os pecados feitos podem prejudicar o próprio pecador (fechamento, falta de cuidado com o próprio corpo), outras pessoas (ofensas, brigas), a sociedade (exploração das pessoas), a natureza (pecados contra a ecologia).

Dentro de cada um de nós há a semente do bem e do mal. Quando procurarmos desenvolver a semente do bem, evitaremos o pecado e seremos pessoas amorosas e justas em nossas relações. No entanto, se procurarmos deixar a semente do mal crescer, estaremos sempre sujeitos a pecar, realizando práticas contrárias à vontade de Deus, provocando discórdias, desentendimentos e levando muitas pessoas a sofrerem.

Por Jesus, somos convidados a dizer sim ao amor, ao perdão e à prática do bem. E conscientemente podemos dizer não ao pecado que destrói, mata, fere e nos distancia de Deus.

2. Bibliografia para aprofundamento do texto

2.1. BRUSTOLIN, Leomar A. *A mesa do pão*. São Paulo, Paulinas, 2009, p. 121-126.
2.2. DICIONÁRIO DE CONCEITOS FUNDAMENTAIS DO CRISTIANISMO. São Paulo, São Paulo, 1999, p. 591-602.
2.3. CATECISMO DA IGREJA CATÓLICA. Petrópolis, Editora Vozes, 1903, p. 431-436.
2.4. O'NEIL, Kevin J. & BLACK, Peter. *Manual prático de moral*. Aparecida, Editora Santuário, 2007, p. 95-111.

3. Questões para aprofundamento

3.1. O que pode levar uma pessoa a pecar?
3.2. Quais os grandes pecados que cometemos contra nós?
3.3. Quais os grandes pecados que cometemos contra os outros?
3.4. Quais os grandes pecados sociais nos dias de hoje?
3.5. Qual a postura de Jesus diante de uma situação de pecado?

4. Músicas

4.1. *Eu confesso a Deus e a vós irmãos* (André J. Zamur).
4.2. *Pelos pecados* (D. Carlos Navarro e Ir. Miria Kolling).

4.3. *Senhor, tende piedade de nós!* (D. Pedro Brito Guimarães).
4.4. *Eu só peço a Deus* (Leon Grieco).

5. Atividade pessoal ou grupal

A Salvação é possível?

Objetivo: Proporcionar através das apresentações sobre os diversos tipos de pecado da humanidade a reflexão sobre a possibilidade da conversão e da salvação.

5.1. Montar grupos de três pessoas.
5.2. Entregar, em um pedaço de papel, de forma aleatória, um tipo de pecado, por exemplo: roubo, mentira, calúnia, cobiça, assassinato, exploração de empregados, corrupção e outros.
5.3. Dar cinco minutos para cada grupo pensar em uma cena.
5.4. Cada grupo deve apresentar a cena pensada.
5.5. Após a apresentação de cada grupo, debater.

II • REZANDO MINHA VOCAÇÃO

1. Orientações para a oração pessoal

1.1. Escolher um lugar para sua oração.
1.2. Determinar o horário e o tempo de sua oração.
1.3. Pedir a graça que deseja para este momento de oração.
1.4. Ler e reler o texto com muita calma.
1.5. "Saborear" com o coração o que o marcou.
1.6. Concluir a oração, agradecendo ao Senhor este encontro.

2. Textos bíblicos para a oração pessoal (rezar um texto bíblico por dia)

2.1. Gênesis 3,1-24 – "Você é pó, e ao pó voltará".
2.2. Gênesis 4,1-16 – "Minha culpa é grave e me atormenta".
2.3. João 8,21-30 – "Se vocês não acreditam que Eu sou, vocês vão morrer em seus pecados".
2.4. Lucas 16,19-31 – A parábola do rico e do pobre.
2.5. 1Pedro 3,18-22 – "De fato, o próprio Cristo morreu uma vez por todas pelos pecados".

3. Fazer a leitura orante de cada texto bíblico

3.1. O que diz o texto? O texto fala ...
3.2. O que o texto diz para mim hoje? Penso em que preciso mudar...
3.3. O que o texto me faz dizer a Deus? Rezo, louvo, agradeço...

3.4. O que o texto me leva a fazer? Faço silêncio... escuto o que Deus me pede.

3.5. Pôr em prática o que Deus me pediu.

4. Anotar em seu caderno de oração, após cada texto bíblico, o que mais tocou seu coração

5. Compromisso de vida

5.1. O que uma pessoa deve fazer se pecar contra Deus?
5.2. O que uma pessoa deve fazer se pecar contra uma pessoa?
5.3. O que uma pessoa deve fazer se pecar contra si?
5.4. O que uma pessoa deve fazer se pecar contra a natureza?

OBS: Procure partilhar de forma transparente e simples, com o acompanhante espiritual, os sentimentos, medos, dúvidas, receios, apegos..., pois isso o ajudará em seu discernimento vocacional.

"O pecado é uma atitude prejudicial que alguém realiza conscientemente e livremente."

13º PERDÃO

I • REFLEXÃO

1. Texto

Há um ditado popular que diz: "Errar é humano, perdoar é divino". Diante de tal pensamento popular acredito que é muito importante compreendermos que nós, homens e mulheres, estamos sujeitos a errar, a falhar e a cometer pecados; o próprio Cristo disse: "Quem não tiver pecado atire a primeira pedra". Somos pessoas limitadas, por outro lado, temos a capacidade de aprender com nossos próprios erros, falhas e pecados. Deus deu para nós a capacidade de recomeçar, de acertar, de sermos bons, de pedir perdão e procurar não mais pecar. Jesus em Jo 8,11, diante da mulher adúltera, disse: "Teus pecados estão perdoados, vai e não peques mais".

É importante também compreendermos que, assim como nós, as outras pessoas também podem errar, cometer falhas e pecar; mas não é nosso papel condenar nem crucificar as pessoas. É claro que no exercício da corresponsabilidade devemos orientar as pessoas sobre seus erros e orientá-las a pedir perdão e procurar não errar mais, como Jesus ensinou. É preciso acreditar que Deus nos deu a capacidade para sermos pessoas mais santas.

Jesus nos ensinou que Deus é um Pai de bondade e misericórdia e que não nos condena, mas quer que todos os pecadores se arrependam e voltem para seus braços. No Antigo Testamento, encontramos várias passagens que nos mostram os pecados do povo de Deus; e os frutos desses pecados geravam a morte, a descrença, o egoísmo, a discórdia, enfim, tudo o que pode destruir o ser humano. Diante dos sofrimentos, a visão religiosa, de muitos fiéis, sobre Deus, era que Ele agia com justiça e castigava os pecadores.

No Novo Testamento, Jesus Cristo, o Filho amado do Pai, mostra-nos outro rosto de Deus; ensina a todos que Ele é um Pai que nos ama, que nos perdoa, que quer nossa salvação. Em vários momentos os Evangelhos nos mostram Jesus perdoando às pessoas. E disse que não veio para os que já estão salvos, mas veio para os pecadores, ou seja, Ele quer salvar a todos nós. Assim como o Pai é um Deus de Misericórdia, Jesus, o Filho, também é misericordioso. A maior prova do amor de Jesus Cristo, a nós pecadores, foi a sua entrega em sacrifício na cruz para nos salvar.

O perdão é tão importante para nossa caminhada que na oração que Jesus nos ensinou rezamos: "... perdoai as nossas ofensas, assim como nós perdoamos a quem nos tenha ofendido, não nos deixeis cair em tentação, mas livrai-nos do mal". Jesus nos ensina que precisamos ser misericordiosos uns para com os outros como o Pai é conosco. Jesus deu tanto valor ao perdão que deixou aos Apóstolos a missão de perdoar os pecados, para que através desse gesto sacramental as pessoas pudessem visivelmente sentir o perdão de Deus. Hoje, em nossa Igreja, temos os padres, os bispos que em nome de Jesus dão a graça do perdão para nós, através do sacramento da reconciliação.

Vale a pena fazer a experiência de pedir perdão e perdoar. O grande beneficiado para quem dá o perdão é a própria pessoa que deu o perdão, pois quando o perdão é dado com sinceridade a pessoa tira de dentro de si os sentimentos de rancor, de mágoa, de ódio e de vingança, que são autodestrutivos. Quando nos libertamos desses sentimentos é como que se um peso fosse tirado dos ombros e nos sentimos mais livres para viver e para amar sem medidas.

2. Bibliografia para aprofundamento do texto

2.1. DICIONÁRIO DE CONCEITOS FUNDAMENTAIS DO CRISTIANISMO. São Paulo, Paulus, 1999, p. 612-618.
2.2. CATECISMO DA IGREJA CATÓLICA. Petrópolis, Editora Vozes, 1903, p. 235-237; 635-640.
2.3. MONBOURQUETE, Jean. *A cura pelo perdão – Guia prático*. São Paulo, Paulus, 1996.

3. Questões para aprofundamento

3.1. Qual a importância do perdão para você?
3.2. Você já teve coragem de pedir perdão?
3.3. Quem você precisa perdoar na família, na escola, na comunidade ou em outro lugar?
3.4. A quem você precisa pedir perdão na família, na escola, na comunidade ou em outro lugar?

4. Músicas

4.1. *Perdoai-nos, ó Pai, as nossas ofensas* (Jaime V. Santos e Pe. José Weber).

4.2. *Perdão, Senhor, por eu não amar* (Roberto Malvezzi).
4.3. *Perdão, Senhor, tantos erros cometi* (Luiz Carlos Agostini).

5. Atividade pessoal ou grupal

"É perdoando que se é perdoado"

Objetivo: Ajudar os participantes a refletirem que, quando se perdoa, todos saem ganhando, pois quem foi perdoado sente-se aliviado e quem perdoou arrancou do coração a mágoa existente.

5.1. Dividir o grupo em subgrupos de três ou quatro pessoas e entregar uma passagem da sagrada escritura (do Antigo e do Novo Testamentos) que fala sobre o pecado ou o perdão.
5.2. Dar uns dez minutos para cada subgrupo ler e refletir.
5.3. De volta para o grupo pedir que cada subgrupo apresente sua passagem bíblica e transmita uma mensagem, fruto da reflexão feita no subgrupo.
5.4. Cantar uma música que fale sobre o perdão.

1. Orientações para a oração pessoal

1.1. Escolher um lugar para sua oração.
1.2. Determinar o horário e o tempo de sua oração.
1.3. Pedir a graça que deseja para este momento de oração.
1.4. Ler e reler o texto com muita calma.
1.5. "Saborear" com o coração o que o marcou.
1.6. Concluir a oração, agradecendo ao Senhor este encontro.

2. Textos bíblicos para a oração pessoal (rezar um texto bíblico por dia)

2.1. Lucas 7,36-50 – "Seus pecados estão perdoados...".
2.2. Lucas 15,1-10 – "Haverá no céu mais alegria por um só pecador que se converte...".
2.3. Marcos 2,13-17 – "Eu não vim para chamar justos, e sim pecadores".
2.4. Mateus 18,21-35 – "Senhor, quantas vezes devo perdoar, se meu irmão pecar contra mim?"
2.5. Romanos 5,12-21 – "... mas, onde foi grande o pecado, foi bem maior a graça...".

3. Fazer a leitura orante de cada texto bíblico

3.1. O que diz o texto? O texto fala ...
3.2. O que o texto diz para mim hoje? Penso em que preciso mudar...
3.3. O que o texto me faz dizer a Deus? Rezo, louvo, agradeço...

3.4. O que o texto me leva a fazer? Faço silêncio... escuto o que Deus me pede.

3.5. Pôr em prática o que Deus me pediu.

4. Anotar em seu caderno de oração, após cada texto bíblico, o que mais tocou seu coração

5. Compromisso de vida

5.1. Procurar a reconciliação com alguém que você ofendeu ou com alguém que lhe ofendeu.

5.2. Procure, em cada dia, não conservar dentro de você os sentimentos de raiva, ódio, vingança e mágoa, pois eles são destrutivos e prejudicam sua saúde e seu relacionamento. O segredo é o perdão.

OBS: Procure partilhar de forma transparente e simples, com o acompanhante espiritual, os sentimentos, medos, dúvidas, receios, apegos..., pois isso o ajudará em seu discernimento vocacional.

"Os seus pecados estão perdoados, vai e não peques mais."

14 OS DESAFIOS DA VIDA

I • REFLEXÃO

1. Texto

Você já parou para pensar que a vida está sempre nos apresentando desafios? Desde o ventre materno até nosso último suspiro de vida, somos desafiados.

A criança no ventre da mãe tem todo o aconchego e proteção de que precisa, no entanto, assim que deu o tempo necessário, mesmo sem querer, ela sairá desse ambiente e terá que enfrentar um mundo todo desconhecido. O recém-nascido, diante de suas queixas, precisa comunicar de alguma forma suas necessidades. Haja ouvido para escutar tanto choro, não é mesmo? Um pouco depois, o bebê enfrenta outros desafios para aprender a andar, falar, fazer gestos condizentes com o que deseja comunicar. Quantos tombos, gestos e palavras erradas foram precisos para superar esses desafios, não é? Diante das curiosidades e vontade de fazer as coisas, muitas crianças queimaram a mão, bateram a cabeça, caíram, apanharam e receberam ordens para não mais fazer traquinagem. As mães que o digam.

Continuamos a ser desafiados quando somos colocados na escola, um ambiente totalmente diferente do ambiente da família e da casa. Na escola, a maioria do pessoal é do mesmo tamanho (crianças), e há algumas pessoas bem mais velhas que ficam nas salas de aula ensinando desenhar, escrever, ler, estudar e, com o tempo, aprendemos que eles são nossos professores. Já um pouco mais tarde vem o desafio de ter de lidar com a mudança do corpo; tudo parece tão estranho, mas aos poucos vamos acostumando com nosso jeito de ser. Durante o ensino médio ou no final dele, muitos precisam prestar vestibular para fazer uma faculdade e enfrentam o desafio de ter de escolher qual o curso a ser feito; para isso, é preciso uma boa preparação, principalmente se pretendem entrar em uma Universidade Estadual ou Federal. Aliado a essa escolha há o desafio de discernir qual a vocação vamos seguir na Igreja. Na Universidade, temos de estudar bastante para sermos bons profissionais, além de termos de conviver com uma série de pessoas diferentes.

Muitos têm de enfrentar o desafio do mundo do trabalho durante os estudos na Faculdade ou logo depois e aí precisam ter disposição, paciência, perseverança para não desanimar diante das portas fechadas; mesmo dentro do local de trabalho, há as exigências para fazer as atividades com responsabilidade e competência.

Enfrentamos outros desafios como aprender a lidar com nossos sentimentos, emoções e desejos, sem nos reprimirmos, mas também conscientes de que nem tudo que pensamos e desejamos pode se tornar realidade. E é aqui que muitos se ferem e ferem outras pessoas também.

No convívio com pessoas e grupos, seja nos estudos, no trabalho e na comunidade, muitas vezes somos desafiados a assumir compromissos, responsabilidades, serviços e ministérios, mas nem sempre nos sentimos preparados para assumir certas atividades. Com a graça de Deus, com nossa disposição em aprender e com o apoio das pessoas, vamos realizando obras maravilhosas em alguns momentos e, em outros, nem tanto, mas é preciso arriscar. Há um ditado popular e religioso que diz assim: "Deus não chama os capacitados, mas capacita a quem ele chama".

Nós cristãos estamos enfrentando muitos desafios nos dias de hoje, principalmente porque muitos, com o avanço das ciências e tecnologias, acreditam que conseguem viver sem Deus e deixam-se levar pelas ideias hedonistas, consumistas, individualistas, nas quais há um verdadeiro culto aos ídolos do dinheiro, do poder e do prazer. São ideias que penetram na mente das pessoas, pois tudo isso dá lucro para alguns e colabora na disseminação desses pensamentos nos diversos meios de comunicações presentes em nossas casas. Faz-se necessário estarmos bem preparados espiritualmente, intelectualmente e humanamente para enfrentar esses desafios que tentam destruir os valores cristãos tão fundamentais para nós, como o amor, a justiça, a paz, o perdão e a solidariedade.

Os problemas e desafios de qualquer ordem estão aí. Vamos enfrentá-los de cabeça erguida, na firme certeza de que Deus está conosco e que não devemos ter vergonha nem medo de pedir ajuda quando os desafios parecerem maiores do que nós. Fiquemos com a encorajadora frase de Jesus: "Eis que estarei convosco todos os dias até o fim do mundo" (Mt 28,20).

2. Bibliografia para aprofundamento do texto

2.1. MEZZENA, Giacomo. *Pais e filhos: um diálogo com o psicólogo.* São Paulo, Paulinas, 1997.
2.2. SOARES, Dulce. H. P. *A escolha profissional do jovem ao adulto.* São Paulo, Summus Editorial, 2002.

3. Questões para aprofundamento

3.1. Qual o maior desafio que você já enfrentou até hoje? Como você enfrentou esse desafio?
3.2. Quais os maiores desafios que os jovens enfrentam na sociedade hoje?
3.3. Como a Igreja pode ajudar a juventude a enfrentar o mundo das drogas, do alcoolismo, da prostituição nos dias atuais?
3.4. Sua família já enfrentou alguns desafios? Quais? Conseguiu superá-los?
3.5. A vida de oração ajuda a lidar com os desafios da vida? Por quê?

4. Músicas

4.1. *Cidadão* (Zé Geraldo).
4.2. *Tente outra vez* (Raul Seixas).
4.3. *Maria, Maria* (Milton Nascimento).
4.4. *Vence a tristeza* (Zé Vicente).

5. Atividade pessoal ou grupal

Vivendo e aprendendo

Objetivo: Procurar, de forma criativa, compreender que a vida apresenta desafios, mas com a graça de Deus, com nosso esforço e com a ajuda do outro podemos superar os obstáculos.

5.1. Dividir em subgrupos de três a cinco pessoas.
5.2. Entregar para cada subgrupo um quebra-cabeça e pedir para montarem o mais rápido que puderem.
5.3. Depois que todos montarem abrir a conversa, na qual cada um poderá falar sobre as facilidades e dificuldades da montagem.
5.4. Relacionar a dinâmica com o tema: "Os desafios da vida".

II • REZANDO MINHA VOCAÇÃO

1. Orientações para a oração pessoal

1.1. Escolher um lugar para sua oração.
1.2. Determinar o horário e o tempo de sua oração.
1.3. Pedir a graça que deseja para este momento de oração.
1.4. Ler e reler o texto com muita calma.
1.5 "Saborear" com o coração o que o marcou.
1.6. Concluir a oração, agradecendo ao Senhor este encontro.

2. Textos bíblicos para a oração pessoal (rezar um texto bíblico por dia)

2.1. João 6,1-15 – "Aonde vamos comprar pão para eles comerem?"
2.2. João 6,16-21 – "Então eles ficaram com medo, mas Jesus disse: Sou Eu".
2.3. Lucas 21,12-19 – "E vocês serão entregues até mesmo pelos próprios pais, irmãos, parentes e amigos".
2.4. Lucas 9,57-62 – "Quem põe a mão no arado e olha para trás não serve para o Reino de Deus".
2.5. Mateus 16,24-28 – "Se alguém quer me seguir, renuncie a si mesmo, tome sua cruz, e me siga".

3. Fazer a leitura orante de cada texto bíblico

3.1. O que diz o texto? O texto fala...
3.2. O que o texto diz para mim hoje? Penso em que preciso mudar...

3.3. O que o texto me faz dizer a Deus? Rezo, louvo, agradeço...
3.4. O que o texto me leva a fazer? Faço silêncio... escuto o que Deus me pede.
3.5. Pôr em prática o que Deus me pediu.

4. Anotar em seu caderno de oração, após cada texto bíblico, o que mais tocou seu coração

5. Compromisso de vida

5.1. Montar uma linha do tempo, desde seu nascimento até o dia de hoje, e destacar, nessa linha, os grandes desafios que você teve de enfrentar em sua vida.
5.2. Converse com seus pais ou com duas pessoas próximas a você e pergunte para elas sobre os grandes desafios que enfrentaram na vida e o que fizeram para superá-los ou enfrentá-los ou para conviver com eles.
5.3. Monte um projeto de vida e apresente para seu acompanhante vocacional.

OBS: Procure partilhar de forma transparente e simples, com o acompanhante espiritual, os sentimentos, medos, dúvidas, receios, apegos..., pois isso o ajudará em seu discernimento vocacional.

Os problemas e desafios de qualquer ordem estão aí. Vamos enfrentá-los de cabeça erguida, na firme certeza de que Deus está conosco e que não devemos ter vergonha nem medo de pedir ajuda quando os desafios parecerem maiores do que nós.

15 A ORAÇÃO

I • REFLEXÃO

1. Texto

Ao longo da História da Salvação do povo de Deus, narrada nos livros da Sagrada Escritura, até os dias de hoje, a oração sempre foi uma marca fundamental na vida dos filhos e filhas de Deus. Nos momentos de alegrias, vitórias e festas, as orações eram de agradecimento pelas maravilhas que Deus havia realizado; nos momentos de tristezas, derrotas e desolações, encontramos as orações de confiança em Deus para que socorresse seu povo.

A Bíblia sempre nos revelou que nosso Deus é fiel, que está presente na vida de seu povo na alegria e na tristeza, na saúde e na doença, nas vitórias e nas derrotas e, enfim, em todos os momentos da vida. As orações pessoais, familiares ou comunitárias que fazemos a Deus sempre chegam até Ele. Com certeza nossa vida de oração nos faz sentir que Deus está próximo de nós e isso nos fortalece para viver bem cada dia que Ele nos concede.

Jesus, o Filho amado do Pai, em vários momentos de sua vida, colocou-se em oração pessoal, demonstrando sua unidade com Pai. Em outros momentos, Jesus rezava com os seus discípulos e com todo o povo. Uma das orações mais profundas que Jesus rezou com os discípulos foi a oração do Pai-nosso, a qual sempre rezamos nos momentos pessoais, familiares e comunitários. Jesus antes das refeições fazia suas orações para agradecer o pão de cada dia, antes de iniciar uma atividade missionária se colocava em oração e em tantos outros momentos de sua vida; inclusive, nos momentos que antecederam sua morte na cruz (Mt 26,36-44), teve um profundo diálogo com o Pai.

Jesus Cristo passou para os discípulos de maneira muito clara que sem a oração podemos nos tornar presas fáceis das tentações e do mal. Ele disse "Vigiai e orai para não cairdes em tentação". No Evangelho de Marcos encontramos uma passagem em que Jesus disse: "... o espírito está pronto para resistir, mas a carne é fraca" (Mc 14,38). É preciso sempre nos colocarmos diante de Deus para nos fortalecermos para que possamos vencer nossas fraquezas pessoais, as tentações da carne, as más influências e, enfim, toda a maldade presente no mundo.

Muitos santos escreveram sobre a importância da oração em nossa vida. Apresentamos alguns doutores e místicos: Santo Agostinho, Santo Inácio de Loyola, São João da Cruz, Santa Teresa D'Ávila, Santa Teresinha, São Francisco de Assis, Santo Afonso Maria de Ligório, entre tantos outros. Vale a pena ler e conhecer a vida de nossos santos canonizados ou não.

A oração, que é o diálogo íntimo com Deus, pode ser feita com palavras espontâneas, que brotam de seu coração e de sua mente ou, então, você pode dirigir-se a Deus utilizando as orações formais inspiradas na Palavra de Deus, pela Igreja e pelas devoções populares.

Segundo o Catecismo da Igreja Católica, podemos expressar as orações de três formas. A primeira forma que destacamos é a oração vocal, ou seja, "é por palavras, mentais ou vocais, que nossa oração cresce. Mas o mais importante é a presença do coração àquele a quem falamos na oração" (p. 606). A segunda forma é a meditação. A meditação é uma forma muito comum de oração e muitos métodos foram divulgados. "A meditação é, sobretudo, uma procura. O Espírito procura compreender o porquê e o como da vida cristã, a fim de aderir e responder ao que o Senhor pede. [...] Geralmente, utiliza-se um livro, e os cristãos dispõem de muitos: As sagradas Escrituras, o Evangelho especialmente, as imagens sagradas, os textos litúrgicos do dia ou do tempo, os escritos dos Pais espirituais, as obras de espiritualidade, o grande livro da criação e o da história, a página do "Hoje" de Deus (p. 607). A terceira forma é a Oração Mental que Santa Teresa D'Ávila assim definiu: "... é apenas um comércio íntimo de amizade em que conversamos muitas vezes a sós com esse Deus por quem nos sabemos amados" (607).

Cabe a nós encontrar nosso momento de oração, que hoje se tornou um grande desafio. Parece que encontramos tempo para tudo, menos para dedicar um tempo para aquele que é o Senhor do Tempo, da Vida e da História. Busquemos viver em oração, vamos nos esforçar para rezar mais pessoalmente. Vamos também resgatar a importância da oração em família; a Igreja nos ensina que a Família que reza unida permanece unida. Procuremos assiduamente rezar em comunidade, mesmo que seja uma vez por semana, principalmente no dia do Senhor, momento que podemos participar da maior das orações que é a Santa Eucaristia, em que nos alimentamos da Palavra de Deus e do Pão Vivo descido do céu, que é o próprio Cristo.

2. Bibliografia para aprofundamento do texto

2.1. CATECISMO DA IGREJA CATÓLICA, p. 571-641.
2.2. DICIONÁRIO DE ESPIRITUALIDADE. São Paulo. Edições Paulinas/Paulistas, 1993, p. 841-848.

2.3. Mayer, Canísio. *Encontros que marcam*, Vol 3. São Paulo, Paulus p. 49-66.

3. Questões para aprofundamento

3.1. Quando você costuma rezar?
3.2. Como você reza?
3.3. Qual a importância da oração em sua vida?
3.4. Em sua família você tem bons exemplos de vida de oração? Quais? De quem?
3.5. Você reza em família?
3.6. Você tem rezado com a comunidade, principalmente participando da missa ou da celebração da palavra?

4. Músicas

4.1. *A minh'alma tem sede de Deus* (Ir. Miriam T. Kolling).
4.2. *Aleluia! Alguém do povo* (D. Carlos A. Navarro/ Frei Fabreti).
4.3. *Cada vez que eu venho* (José A. Santana).

5. Atividade pessoal ou grupal

Rezar sempre faz bem

Objetivo: Favorecer os participantes a rezarem, entrarem em sintonia com Deus.

5.1. Escolher um método de oração e realizar com os participantes. Fazer uma experiência de oração, mesmo que seja mais breve.

II • REZANDO MINHA VOCAÇÃO

1. Orientações para a oração pessoal

1.1. Escolher um lugar para sua oração.
1.2. Determinar o horário e o tempo de sua oração.
1.3. Pedir a graça que deseja para este momento de oração.
1.4. Ler e reler o texto com muita calma.
1.5. "Saborear" com o coração o que o marcou.
1.6. Concluir a oração, agradecendo ao Senhor este encontro.

2. Textos bíblicos para a oração pessoal (rezar um texto bíblico por dia)

2.1. Salmo 141(140) – "Javé, eu te chamo, socorre-me depressa".
2.2. Lucas 11,1-13 – "Senhor, ensina-nos a rezar".
2.3. Mateus 26,36-41 – "Vigiem e rezem, para não caírem na tentação".
2.4. Mateus 7,7-11 – "Peçam e lhes será dado!"
2.5. João 14,13-14 – "Se vocês pedirem qualquer coisa em meu nome, eu o farei".

3. Fazer a leitura orante de cada texto bíblico

3.1. O que diz o texto? O texto fala...
3.2. O que o texto diz para mim hoje? Penso em que preciso mudar...
3.3. O que o texto me faz dizer a Deus? Rezo, louvo, agradeço...

3.4. O que o texto me leva a fazer? Faço silêncio... escuto o que Deus me pede.

3.5. Pôr em prática o que Deus me pediu.

4. Anotar em seu caderno de oração, após cada texto bíblico, o que mais tocou seu coração

5. Compromisso de vida

5.1. No decorrer desta etapa, reserve, em cada dia, pelo menos 15 minutos para essa conversa íntima com Deus, através da oração.

5.2. No final de cada semana escreva o que você sentiu a partir dessa experiência.

5.5. Siga esse roteiro em sua meditação e oração diária:

a. Do texto lido o que mais me chamou a atenção? Destacar algumas frases.

b. Como me senti diante do texto? Palavras, cenas, alegrias, tristezas, paz, tranquilidade, inquietação ...

c. O que Jesus me pede a partir da leitura?

d. Como realizei e como posso realizar os pedidos de Jesus em minha vida?

OBS: Procure partilhar de forma transparente e simples, com o acompanhante espiritual, os sentimentos, medos, dúvidas, receios, apegos..., pois isso o ajudará em seu discernimento vocacional.

"A vida de oração é nossa grande aliada na descoberta da vocação."

16 O REINO DE DEUS

I • REFLEXÃO

1. Texto

O Reino de Deus é um conceito fundamental para nós cristãos. Jesus em diversos momentos fala sobre o Reino de Deus, principalmente através das parábolas. Nesse Reino, Jesus é o bom pastor que cuida com amor das ovelhas que somos nós e por nós foi capaz de dar a própria vida.

Diante de uma sociedade que excluía as pessoas, principalmente os pobres, as mulheres, as crianças, os doentes, os pecadores, os estrangeiros, Jesus apresenta o Reino de Deus como um reino onde imperam a justiça, a verdade, o amor, o respeito, a paz, a solidariedade, a fé, a esperança. Na própria oração do Pai-Nosso nós pedimos a Deus que "Venha a nós o Vosso Reino", um reino onde a gente possa ter liberdade para expressar nossa fé, nosso amor a Ele; um reino onde realmente sejamos irmãos uns dos outros, através da prática do amor e da justiça em todas as nossas atitudes.

Nos dias de hoje, notamos que os valores do Reino de Deus estão sendo deixados de lado, não só a Igreja nos mostra isso, mas os diversos meios de comunicação social, como a televisão, internet, jornais, revistas, rádios, também revelam o quanto uma boa parte dos filhos de Deus está se distanciando da prática do amor e da justiça. E quando nos distanciamos de Deus e dos valores de seu Reino nos tornamos presas fáceis do egoísmo, do hedonismo, do consumismo, do ateísmo, das injustiças e da violência. Diante de tal realidade presenciamos muitas situações de agressividade, infidelidade, permissividade, irresponsabilidade, indiferentismo e preconceito.

A igreja como mãe e mestra nos convoca a sermos fortes na fé, a reassumirmos ou assumirmos nossa crença nos valores do Reino de Deus e nos empenharmos para lutar contra tudo o que contraria a edificação desse Reino. Como cristãos, discípulos e missionários de Jesus Cristo, somos convidados a anunciar os valores do Reino, a denunciarmos tudo o que nos distancia dele e, ao mesmo tempo, encontrarmos os meios adequados para acabar com as injustiças que ferem tantos irmãos, principalmente os mais pobres e necessitados.

O Documento de Aparecida, n. 278, nos diz que: *"O Discípulo, à medida que conhece e ama seu Senhor, experimenta a necessidade de compartilhar com outros sua alegria de ser enviado, de ir ao mundo para anunciar Jesus Cristo, morto e ressuscitado, e tornar realidade o amor e os serviços na pessoa dos mais necessitados, em uma palavra, a construir o Reino de Deus".*

2. Bibliografia para aprofundamento do texto

2.1. DOCUMENTO DE APARECIDA, p. 130, n. 278.
2.2. BRUSTOLIN, Leomar A. *A mesa do pão*. São Paulo, Paulinas, 2009, p. 62-69.
2.3. DICIONÁRIO DE CONCEITOS FUNDAMENTAIS DO CRISTIANISMO, São Paulo, Paulus, 1999.

3. Questões para aprofundamento

3.1. Como é o Reino de Deus para você?
3.2. O que está faltando em nossa família, bairro e cidade para que o Reino de Deus aconteça?
3.3. O que você está fazendo ou pode fazer para que o Reino de Deus aconteça no dia a dia de sua vida?

4. Músicas

4.1. *Balada por um Reino* (Pe. Zezinho).
4.2. *O meu Reino tem muito a dizer* (J. Thomaz Fiho/ Frei Fabreti).
4.3. *Buscai primeiro o Reino de Deus* (D.R.).

5. Atividade pessoal ou grupal

O Reino do Bem e o Reino do Mal

Objetivo: Tomar consciência de que o mal está em nossa volta e que é preciso buscar o Reino de Deus em primeiro lugar.

5.1. Orientar para que individualmente cada participante escreva 10 palavras que constroem o Reino de Deus, por ordem de prioridade.
5.2. Orientar para que individualmente cada participante escreva 10 palavras que destroem o Reino de Deus, por ordem de prioridade.
5.3. Solicitar para que cada um destaque três palavras que constroem e três que destroem o Reino e compartilhe com os outros do grupo.

5.4. Abrir a conversa em seguida a partir da questão: em que você pode colaborar para que o Reino de Deus aconteça em sua família?
5.5. Perguntar também: de que forma você percebe o Reino de Deus acontecendo em sua família, comunidade, escola, no mundo?

II • REZANDO MINHA VOCAÇÃO

1. Orientações para a oração pessoal

1.1. Escolher um lugar para sua oração.
1.2. Determinar o horário e o tempo de sua oração.
1.3. Pedir a graça que deseja para este momento de oração.
1.4. Ler e reler o texto com muita calma.
1.5. "Saborear" com o coração o que o marcou.
1.6. Concluir a oração, agradecendo ao Senhor este encontro.

2. Textos bíblicos para a oração pessoal (rezar um texto bíblico por dia)

2.1. Lucas 17,20-21 – "O Reino de Deus está no meio de vocês".
2.2. Mateus 25,31-46 – "Recebam como herança o Reino que meu Pai lhes preparou desde o começo do mundo".
2.3. Mateus 5,1-12 – As Bem-Aventuranças.
2.4. 1Coríntios 6,9-11 – "Vocês não sabem que os injustos não herdarão o Reino de Deus?"
2.5. Marcos 4,26-34 – "O Reino de Deus é como uma semente de mostarda, que é a menor de todas as sementes da terra".

3. Fazer a leitura orante de cada texto bíblico

3.1. O que diz o texto? O texto fala do...
3.2. O que o texto diz para mim hoje? Penso em que preciso mudar...

3.3. O que o texto me faz dizer a Deus? Rezo, louvo, agradeço...
3.4. O que o texto me leva a fazer? Faço silêncio... escuto o que Deus me pede.
3.5. Pôr em prática o que Deus me pediu.

4. Anotar em seu caderno de oração, após cada texto bíblico, o que mais tocou seu coração

5. Compromisso de vida

5.1. Reúna algumas pessoas da família e reze o terço, contemplando os mistérios luminosos.
5.2. Procure conhecer as pastorais e os movimentos sociais de sua paróquia e cidade, que têm a preocupação de promover a vida dos mais pobres.

OBS: Procure partilhar de forma transparente e simples, com o acompanhante espiritual, os sentimentos, medos, dúvidas, receios, apegos..., pois isso o ajudará em seu discernimento vocacional.

"Diante de uma sociedade que excluía as pessoas, principalmente os pobres, as mulheres, as crianças, os doentes, os pecadores, os estrangeiros, Jesus apresenta o Reino de Deus como um reino onde imperam a justiça, a verdade, o amor, o respeito, a paz, a solidariedade, a fé, a esperança."

17 IGREJA

I • REFLEXÃO

1. Texto

Quando falamos em Igreja, logo pensamos em um templo, em uma construção grande ou pequena, com torre, sino, imagens, altar, santíssimo, sacristia, coro, bancos, água benta, velas. Outro pensamento que nos vem de Igreja é que ela é formada pelo papa, pelos bispos, pelos padres, pelos consagrados ou consagradas. Por outro lado, há os que compreendem que Igreja somos todos nós, povo de Deus.

Na verdade a organização do povo de Deus teve início com os Patriarcas Abraão, Isaac, Jacó; e quando estavam sofrendo dura escravidão no Egito, Deus através de Moisés libertou seu povo para chegar à terra prometida, na Palestina. Durante a caminhada o povo fez uma intensa experiência de Deus. O povo, diante de sua fé, diante dos problemas sociais, diante da vontade de Deus, foi se estruturando e se organizando. No meio do povo de Deus surgiram os reis, os profetas, os sacerdotes, os juízes para ajudarem a manter o povo sempre unido e fiel a Javé e a sua vontade.

Jesus Cristo, o Filho de Deus, o Messias prometido no Antigo Testamento, nasceu no meio do povo de Israel. Foi enviado por Deus Pai com a missão de nos redimir e salvar. A Igreja nasceu do sangue de Jesus derramado na cruz para nos libertar, e através, do Espírito Santo somos conduzidos para fazer a vontade de Deus. A Igreja é no mundo presente o sacramento da salvação, o sinal e o instrumento da Comunhão de Deus e dos homens.

Na catequese e no livro dos catequistas, *Testemunhas do Reino*, aprendemos que: "A Igreja, o povo de Deus que confia em Cristo manifestam a fé em Deus pela força do Espírito Santo. A presença do Espírito Santo faz com que a Igreja seja santa e garante que sua liturgia (oração, sacramentos e sacramentais), seu anúncio da Palavra e seu serviço da caridade sejam verdadeiros e torne presente a ação de Deus no mundo" (cf. p. 158).

Outro aspecto que precisamos ter claro e isso o livro *Testemunhas do Reino* também aponta é que: "O Batismo é a porta de entrada para fazer parte da Igreja de Cristo, porque somos enxertados nele como membros de seu Corpo e participamos de sua Páscoa como membros do novo povo de Deus. A Igreja é a assembleia dos convocados em nome do Senhor para ser sinal de sua presença no mundo mediante a mesma fé, participando dos mesmos sacramentos (mesmo batismo) e unidos de coração no amor de Cristo" (cf. p. 160).

A Igreja é o corpo de Cristo. Pelo Espírito e por sua ação nos sacramentos, principalmente, a Eucaristia, Cristo morto e ressuscitado constituiu a comunidade dos crentes como seu Corpo (cf. Col 1,18). Na unidade deste Corpo, existe a diversidade de membros e de funções. Todos os membros estão ligados uns aos outros, particularmente aos que sofrem, os pobres e perseguidos. Que possamos, com espírito alegre, disponível e de doação, assumir os serviços e ministérios em nossas comunidades, de acordo com nossos dons e necessidades apresentadas pela Igreja.

2. Bibliografia para aprofundamento do texto

2.1. CATECISMO DA IGREJA CATÓLICA, p. 184-213.
2.2. NÚCLEO DE CATEQUESE PAULINAS, Testemunhas do Reino, São Paulo, Paulinas, 2008. p. 158-161.
2.3. COMPÊNDIO VATICANO II. *Lumen gentium* (Comunhão e Participação).

3. Questões para aprofundamento

3.1. Qual o nome de sua comunidade? Ela pertence à qual paróquia? Quantas comunidades tem a sua paróquia? Qual é o nome de seu pároco e vigário paroquial (se tiver)?
3.2. A sede de sua Diocese fica em qual cidade? Como se chama seu Bispo?
3.3. Quais são as pastorais e os movimentos de sua paróquia?
3.4. Quais são as atividades celebrativas, oracionais e devocionais de sua comunidade?
3.5. O que você mais gosta em sua comunidade?
3.6. Você participa de sua comunidade? Qual serviço ou ministério você realiza?
3.7. Você gostaria de realizar uma atividade em sua comunidade? Qual? Por quê?
3.8. O que você sente que está faltando em sua comunidade ou paróquia?

4. Músicas

4.1. *Somos gente nova* – Baião das Comunidades (Zé Vicente).
4.2. *Reunidos em torno dos pastores* (Pe. Josmar Braga e D. Carmos A. Navarro/ David Julien).
4.3. *Nessa mesa da irmandade* (Zé Vicente).

5. Atividade pessoal ou grupal

Vida em Comunidade

Objetivo: Compreender que todos são importantes para o crescimento da Igreja.

5.1. Convidar os participantes a partilharem a vida da comunidade em que participam.
5.2. No primeiro momento, perguntar o que você mais admira em sua comunidade?
5.3. No segundo momento, perguntar o que sua comunidade precisa melhorar para cumprir o ensinamento de Jesus?

II • REZANDO MINHA VOCAÇÃO

1. Orientações para a oração pessoal

1.1. Escolher um lugar para sua oração.
1.2. Determinar o horário e o tempo de sua oração.
1.3. Pedir a graça que deseja para este momento de oração.
1.4. Ler e reler o texto com muita calma.
1.5. "Saborear" com o coração o que o marcou.
1.6. Concluir a oração, agradecendo ao Senhor este encontro.

2. Textos bíblicos para a oração pessoal (rezar um texto bíblico por dia)

2.1. Atos 2,42-47 – "Diariamente, todos juntos frequentavam o Templo e nas casas partiam o pão, tomando o alimento com alegria e simplicidade de coração".
2.2. Atos 2,1-7 – "Todos ficaram repletos do Espírito Santo".
2.3. Mateus 16,13-20 – "... você é Pedro, e sobre esta pedra construirei a minha Igreja e o poder da morte nunca poderá vencê-la".
2.4. Marcos 16,15-20 – "Os discípulos então saíram e pregaram por toda parte".
2.5. Colossenses 1,13-20 – "Ele é também a cabeça do corpo que é a Igreja".

3. Fazer a leitura orante de cada texto bíblico

3.1. O que diz o texto? O texto fala...
3.2. O que o texto diz para mim hoje? Penso em que preciso mudar...

3.3. O que o texto me faz dizer a Deus? Rezo, louvo, agradeço...
3.4. O que o texto me leva a fazer? Faço silêncio... escuto o que Deus me pede.
3.5. Pôr em prática o que Deus me pediu.

4. Anotar em seu caderno de oração, após cada texto bíblico, o que mais tocou seu coração

5. Compromisso de vida

5.1. Procure seu pároco, apresente-se a ele, diga que está fazendo seu discernimento vocacional e pergunte quais são as principais pastorais da Igreja e quais precisam de mais pessoas para ajudar.

OBS: Procure partilhar de forma transparente e simples, com o acompanhante espiritual, os sentimentos, medos, dúvidas, receios, apegos..., pois isso o ajudará em seu discernimento vocacional.

A Igreja é no mundo presente o sacramento da salvação, o sinal e o instrumento da Comunhão de Deus e dos homens.

18 FRATERNIDADE UNIVERSAL

I • REFLEXÃO

1. Texto

Estamos vivendo em uma época tão interessante que em pouco tempo ficamos por dentro dos fatos que estão acontecendo do outro lado do mundo. As boas notícias, assim como as más notícias, chegam até nós, com muita rapidez, devido ao grande avanço tecnológico dos meios de comunicação social, principalmente, a internet com as redes sociais. Todos ficam sabendo de tudo o que acontece em todos os cantos do mundo. Estamos na era da globalização, que traz suas compensações, mas também muitas preocupações, principalmente quando os detentores do poder usam e abusam dos meios de comunicação para manipular e influenciar todas as pessoas, desrespeitando as diferenças, a história, a cultura, a religiosidade, enfim a vida dos povos.

Ter acesso e conhecimento do que se passa em nosso bairro, nossa cidade, nosso país e em outros países é muito importante, até mesmo para que possamos assimilar os valores de outras culturas que venham a enriquecer a nossa e, por outro lado, podemos, também, oferecer o que temos de bom para os outros. Há um ditado popular que diz: *"Nem tudo que reluz é ouro"*, e por isso temos de fazer um bom discernimento diante do que vemos e acompanhamos pelos meios de comunicação, ou seja, que saibamos separar o joio do trigo antes de saborear o que nos é apresentado.

Mais do que nunca está evidente que não somos uma ilha e que estamos cercados de pessoas que podem nos ajudar a superar problemas, assim como há pessoas que precisam de nossa ajuda. Quando nos abrimos para o outro, acolhendo suas necessidades, estamos vivendo o mandamento do amor deixado por Jesus: *"Amai-vos uns aos outros como eu vos amei"*. Jesus sempre foi solidário aos necessitados e nos convida a sermos também com os pobres de hoje.

Aprendemos desde cedo que precisamos respeitar, valorizar e sermos fraternos com os membros de nossa família. Realmente é fundamental esse carinho e amor para com nossos parentes. Por outro lado, como cristãos precisamos abrir nossa mente e nosso coração para que nosso espírito solidário vá muito mais além, ou seja, é preciso viver a fraternidade com nossos vizinhos, com os membros de nossa comunidade e com as pessoas necessitadas do mundo todo, especialmente com os irmãos e irmãs das nações mais pobres, que ainda são muitas no mundo.

A vivência da fraternidade universal é um tema que deveria ocupar cada vez mais espaço em nossos pensamentos e sentimentos, e que a nossa Igreja, unida com todos os outros setores não governamentais e governamentais, possa favorecer aos necessitados do mundo todo, para que tenham vida digna, como Deus quer para todos os seus filhos.

Jesus deu o mandato para os discípulos irem a todas as nações para anunciar a Boa-nova do Reino de Deus para que todos tivessem a oportunidade de conhecer a palavra de vida que traz liberdade e nos faz amar mais a Deus e amar mais aos irmãos. Jesus, no Evangelho de João, capítulo 17, faz a oração universal, pedindo ao pai que todos nós sejamos um com Ele e o Pai. Com essa oração de Jesus ao Pai, fica muito claro, para nós, que a grande vontade dele é que todos nós, filhos de Deus, espalhados sobre a face da terra, sintamo-nos irmãos uns dos outros, ajudemo-nos mutuamente, exterminemos tantas desigualdades que maltratam as pessoas, que acabemos com as guerras, violências, drogas, e que vivamos na verdadeira paz, que é fruto da justiça.

2. Bibliografia para aprofundamento do texto

2.1. DOCUMENTO DE APARECIDA. São Paulo, Edições CNBB, Paulus, Paulinas, 2007, p. 27-58.

2.2. VIDAL, Marciano. *Moral cristã em tempos de relativismos e fundamentalismos.* Aparecida, Editora Santuário, 2007, p. 173-189.

3. Questões para aprofundamento

3.1. Quem são os pobres para você?

3.2. Onde encontramos esses pobres?

3.3. Você conhece pessoas que têm um trabalho voltado para os mais necessitados em sua família, na comunidade, no Brasil e no mundo? Cite o nome dessas pessoas?

3.4. O que poderia ser feito para diminuir o número de miseráveis e necessitados em sua cidade, em seu estado, no país e no mundo?

3.5. Você se preocupa com os pobres? De que forma?

4. Músicas

4.1. *Vejam eu andei pelas vilas* (J. Thomas Filho/Frei Fabreti).
4.2. *O Espírito Santo está sobre mim* (Pe. Ronoaldo Pelaquim).
4.3. *Peregrinos nas estradas* (Zé Vicente).

5. Atividade pessoal ou grupal

O mundo onde vivemos

Objetivo: Ajudar o grupo a tomar consciência dos problemas sociais que nos cercam, desde o lugar mais próximo de nós até os mais longínquos.

5.1. Entregar para cada participante três tiras de papéis.
5.2. Solicitar que escrevam neles três elementos que estão faltando no mundo para que haja mais fraternidade. Dobrar os papéis.
5.3. Passar entre as pessoas com um recipiente onde vão colocar os papéis escritos.
5.4. Misturar bem os papéis e pedir para que cada um pegue aleatoriamente três papéis. Não tem problema se pegar o papel que escreveu.
5.5. Dar um tempo para que cada um fale sobre os elementos escritos nos papéis que pegou.

II • REZANDO MINHA VOCAÇÃO

1. Orientações para a oração pessoal

1.1. Escolher um lugar para sua oração.
1.2. Determinar o horário e o tempo de sua oração.
1.3. Pedir a graça que deseja para este momento de oração.
1.4. Ler e reler o texto com muita calma.
1.5. "Saborear" com o coração o que o marcou.
1.6. Concluir a oração, agradecendo ao Senhor este encontro.

2. Textos bíblicos para a oração pessoal (rezar um texto bíblico por dia)

2.1. 2Crônicas 6,32-35 – "... atende todos os pedidos do estrangeiro".
2.2. 1Coríntios 13,1-13 – "O amor jamais passará".
2.3. João 17 – "Consagra-os com a verdade: a verdade é a tua palavra".
2.4. Mateus 5,13-16 – "Vocês são o sal da terra... vocês são a luz do mundo".
2.5. Romanos 12,9-21 "... a preocupação de vocês seja fazer o bem a todos os homens".

3. Fazer a leitura orante de cada texto bíblico

3.1. O que diz o texto? O texto fala do quê...
3.2. O que o texto diz para mim hoje? Penso em que preciso mudar...
3.3. O que o texto me faz dizer a Deus? Rezo, louvo, agradeço...

3.4. O que o texto me leva a fazer? Faço silêncio... escuto o que Deus me pede.

3.5. Pôr em prática o que Deus me pediu.

4. Anotar em seu caderno de oração, após cada texto bíblico, o que mais tocou seu coração

5. Compromisso de vida

5.1. Visitar os idosos sem família nos asilos ou residências.

5.2. Colaborar nas campanhas de cestas básicas ou agasalhos.

5.3. Conhecer o trabalho da pastoral dos doentes de sua comunidade.

5.4. Procure se informar sobre o diálogo ecumênico e inter-religioso.

OBS: Procure partilhar de forma transparente e simples, com o acompanhante espiritual, os sentimentos, medos, dúvidas, receios, apegos..., pois isso o ajudará em seu discernimento vocacional.

A vivência da fraternidade universal é um tema que deveria ocupar cada vez mais espaço em nossos pensamentos e sentimentos, e que a nossa Igreja, unida com todos os outros setores não governamentais e governamentais, possa favorecer aos necessitados do mundo todo, para que tenham vida digna, como Deus quer para todos os seus filhos.

19 VOCAÇÃO À VIDA

I • REFLEXÃO

1. Texto

Vocação é uma palavra muito usada em nosso meio, principalmente por nós cristãos da Igreja Católica. Há muitas pessoas dentro da própria Igreja que ainda acham que vocação é algo só para padres e consagrados. No entanto, à medida que vamos aprofundando no conhecimento das coisas de Deus, vamos percebendo que vocação é muito mais do que imaginamos ser.

Podemos partir da própria palavra Vocação que significa chamamento. É um chamamento de Deus. A Vocação é um chamado de Deus a nós para o serviço aos irmãos. É importante notarmos que não se trata de um chamado só para algumas pessoas, mas Deus chama a todos para viver, amar e servir em todos os momentos da vida.

Deus nos chama para sermos santos, vivendo nossa vocação humana como pessoas no mundo, participando de suas obras, cuidando bem delas e das pessoas e com elas sermos felizes. Podemos alcançar a graça da santidade como cristãos, vivendo a fé e dando testemunho de Jesus Cristo através de nossas palavras e ações.

É importante notarmos que Deus quer precisar de nosso sim, de nossa disponibilidade para continuar seu plano amoroso no mundo. O primeiro passo é dele, chamando-nos, e o segundo passo é nosso, respondendo sim a seu chamado. Deus nos ama, conhece-nos, respeita-nos e acredita em nós; e não nos chama por sermos grandes intelectuais, poderosos e atraentes, mas nos chama para sermos seus filhos e por acreditar em nós. Ele, que nos chama, vai nos capacitando para a missão.

Nós podemos assumir o chamado que Deus nos faz através da vocação laical, da vocação consagrada e da vocação sacerdotal. Os leigos são pessoas casadas, solteiras ou viúvas que se comprometem em seguir Jesus Cristo, participando ativamente da vida da comunidade. Ser consagrado é ser uma pessoa que deixa de viver com sua família, deixa de constituir uma família e entrega-se totalmente a Deus, vivendo em uma comunidade religiosa; o consagrado faz os votos de pobreza, obediência e castidade, colocando Deus como o absoluto em sua vida, estando totalmente disponível para a missão. E por fim a pessoa pode ser chamada a viver a vocação sacerdotal, sendo um padre que, em sintonia com o bispo de sua diocese, procura animar as pessoas da paróquia para viver e crescer em comunidade, através da reflexão da Palavra de Deus, da realização dos sacramentos, principalmente da celebração da eucaristia.

Em todas as vocações deve estar presente o espírito do amor e do serviço em favor dos irmãos, seguindo sempre o exemplo de Jesus Cristo, o vocacionado do Pai. Na Igreja temos muitos exemplos de Santos que viveram plenamente sua vocação: Maria de Nazaré, os apóstolos e tantos outros irmãos da caminhada. Nos dias de hoje, encontramos muitas pessoas que vivem plenamente sua vocação. Para viver bem a vocação não esqueçamos que a vida de oração, contato íntimo e constante com Deus, é fundamental para que realmente possamos perceber o que Ele quer nós.

Oração vocacional

Jesus, Mestre Divino, que chamastes os apóstolos a vos seguirem, continuai a passar por nossos caminhos, por nossas famílias, por nossas escolas e continuai a repetir o convite a muitos de nossos jovens. Dai coragem às pessoas convidadas. Dai força para que vos sejam fiéis como apóstolos leigos, como sacerdotes, como religiosos, para o bem do povo de Deus e de toda a humanidade. Amém! (Paulo VI).

2. Bibliografia para aprofundamento do texto

2.1. SASTRE, Jesus. *Discernimento vocacional, proposta de encontros vocacionais para jovens.* São Paulo, Paulinas, 2000.
2.2. CONGRESSO VOCACIONAL DO BRASIL. Discípulos Missionários a serviço das Vocações – 3º Congresso. Brasília, CNBB, 2009.
2.3. VVAA. *Discernimento vocacional.* São Paulo, Loyola, 1993. Cadernos Vocacionais.
2.4. DOMINGUES, Luiz Maria G. *Discernir o chamado.* São Paulo, Paulus, 2010.
2.5. COMBLIN, José. *Vocação para a liberdade.* São Paulo, Paulus, 1998.
2.6. HUMBRECHT, Terry D. *Carta aos jovens sobre vocações.* São Paulo, Paulus, 2010.

3. Questões para aprofundamento

3.1. O que você entende por vocação?
3.2. Em sua opinião as pessoas podem ser felizes na vocação matrimonial? Como?
3.3. Em sua opinião as pessoas podem ser felizes na vocação sacerdotal? Como?
3.4. Em sua opinião as pessoas podem ser felizes na vocação religiosa? Como?

3.5. Você conhece alguém que é feliz na vocação que escolheu? Como vive essa pessoa?

4. Músicas

4.1. *Cidadão do infinito* (Pe. Zezinho).
4.2. *Um dia Escutei teu chamado* (José A. Santana).
4.3. *Eis-me aqui, Senhor* (D. Pedro Brito Guimarães/ Frei Fabreti).
4.4. *No meu coração sinto chamado* (Pe. Gustavo Balbinot e Osmar Coppi).

5. Atividade pessoal ou grupal

Visitando as Vocações

Objetivo: Buscar de forma criativa conhecer e aprofundar o conhecimento sobre as diversas vocações em nossa Igreja.

5.1. Subdividir o grupo em quatro subgrupos.
5.2. Adquirir quatro folhas de sulfite e em cada uma escrever um tipo de vocação das abaixo elencadas:
- Leigos casados;
- Leigos solteiros/ viúvos;
- Sacerdotes;
- Consagrados.

5.3. Cada subgrupo deverá pegar aleatoriamente uma das folhas.
5.4. No subgrupo conversar e montar uma breve cena sobre a vocação escolhida.
5.5. Cada subgrupo deverá apresentar a cena para todos.
5.6. Abrir a conversa para todos falarem sobre a experiência vivida e sobre outros aspectos da vocação.

II • REZANDO MINHA VOCAÇÃO

1. Orientações para a oração pessoal

1.1. Escolher um lugar para sua oração.
1.2. Determinar o horário e o tempo de sua oração.
1.3. Pedir a graça que deseja para este momento de oração.
1.4. Ler e reler o texto com muita calma.
1.5. "Saborear" com o coração o que o marcou.
1.6. Concluir a oração, agradecendo ao Senhor este encontro.

2. Textos bíblicos para a oração pessoal (rezar um texto bíblico por dia)

2.1. Lucas 4,14-21 – "O Espírito do Senhor está sobre mim".
2.2. Jeremias 1,4-10 – "Eu o consagrei, para fazer você profeta das nações".
2.3. Êxodo 3 – "Deus o chamou: Moisés, Moisés! Ele respondeu: Aqui estou".
2.4. Mateus 4,18-22 – "Siga-me, e eu farei de vocês pescadores de homens".
2.5. Atos 9,1-30 – "Saulo, Saulo, por que me persegue?"

3. Fazer a leitura orante de cada texto bíblico

3.1. O que diz o texto? O texto fala do quê...
3.2. O que o texto diz para mim hoje? Penso em que preciso mudar...
3.3. O que o texto me faz dizer a Deus? Rezo, louvo, agradeço...

3.5. O que o texto me leva a fazer? Faço silêncio... escuto o que Deus me pede.

3.6. Pôr em prática o que Deus me pediu.

4. Anotar em seu caderno de oração, após cada texto bíblico, o que mais tocou seu coração

5. Compromisso de vida

5.1. Procure um casal que tenha uma participação na Igreja e tire suas dúvidas sobre a vocação matrimonial.

5.2. Procure um padre e tire suas dúvidas sobre a vocação sacerdotal.

5.3. Procure um religioso consagrado e converse com ele sobre a vocação religiosa.

5.4. Todos os dias reze a oração vocacional e procure sempre perguntar: "Senhor, o que queres que eu faça?"

OBS: Procure partilhar de forma transparente e simples, com o acompanhante espiritual, os sentimentos, medos, dúvidas, receios, apegos..., pois isso o ajudará em seu discernimento vocacional.

Em todas as vocações deve estar presente o espírito do amor e do serviço em favor dos irmãos, seguindo sempre o exemplo de Jesus Cristo, o vocacionado do Pai.

20 VOCAÇÃO E PROFISSÃO

I • REFLEXÃO

1. Texto

Nem sempre é fácil diferenciar a vocação da profissão. Mas para ajudar em nossa compreensão podemos dizer que Vocação tem a ver com nosso ser, ou seja, somos chamados a ser um leigo atuante na comunidade, constituindo uma família ou não, a ser um consagrado, a ser um padre. Enquanto que Profissão está ligada a nosso Fazer, ou seja, de acordo com nossa capacidade e esforço aprendemos uma profissão e realizamos as atividades através de nosso trabalho, assim temos vários tipos de profissão: carpinteiro, cozinheiro, psicólogo, médico, enfermeiro, professor etc.

Vejamos algumas características próprias da vocação e outras da profissão.

Características da Vocação

A vocação é permanente. Ela é vivenciada em todas as horas do dia, nunca se aposenta. É um estado de vida. É única para cada pessoa. E quando a pessoa faz escolha vocacional acertada a felicidade é certa. Está sempre a serviço das pessoas, é gratuita. Assumimos a vocação pelo Reino de Deus em resposta ao chamado que Ele nos faz para a missão.

Características da Profissão

Refere-se ao que a pessoa faz. É uma atividade escolhida de acordo com as qualidades e aptidões da pessoa. É uma ocupação e algumas pessoas têm várias ocupações. A profissão dignifica a pessoa e normalmente as pessoas são remuneradas pelo que fazem. O trabalho desenvolvido pelo profissional dá o sustento para sua vida e pode favorecer no sustento de outras pessoas também. Após muitos anos de trabalho, a pessoa se aposenta, de acordo com a lei vigente em cada país.

Nem sempre é fácil identificar qual é a vocação que Deus nos chama a viver e a profissão que poderemos assumir na sociedade. É um desafio, mas é um desafio bom de ser enfrentado, pois a decisão tomada e acertada, como já dissemos, nos trará felicidades. Por isso mesmo não podemos precipitar em nossas escolhas vocacionais e profissionais, precisamos fazer um bom discernimento e isso pode custar um pouco de tempo.

Graças a Deus nós temos muitas pessoas preparadas em nossa Igreja que ajudam e podem ajudar em nossas escolhas vocacionais, assim como temos muitas pessoas preparadas para ajudar em nossas escolhas profissionais. Muitas comunidades já instituíram a Pastoral Vocacional que proporciona encontros vocacionais que favorecem tirar dúvidas e, aos poucos, cada pessoa pode fazer seu discernimento e assim escolher e viver sua vocação. No campo profissional os jovens estudantes, em suas escolas, devem ter atividades de Orientação Profissional para ajudá-los a escolherem o curso técnico ou a faculdade que deverão fazer.

Em tudo precisamos de paciência, principalmente para escolher bem nossa vocação e profissão. É necessário dialogar com as pessoas que escolheram e vivem bem sua vocação, bem como com as pessoas que trabalham e se realizam em sua profissão, pois as experiências dessas pessoas podem auxiliar em nossas escolhas.

Lembre-se sempre de fazer suas orações pedindo ao Espírito Santo para que ilumine sua escolha, em vista da realização e do bem que você pode fazer para as pessoas que o cercam.

2. Bibliografia para aprofundamento do texto

2.1. SPACCAQUERCHE, Maria Elci & FORTIM, Ivelise. *Orientação profissional passo a passo*. São Paulo, Paulus, 2009.
2.2. GIACAGLIA, Lia R. A. *Orientação vocacional por atividades*. São Paulo, Editora Thomson, 2003.
2.3. SOARES, Dulce H. P. *A escolha vocacional do Jovem ao adulto*. São Paulo, Summus Editorial, 2002.
2.4. VVAA. *A escolha profissional em questão*. São Paulo, Casa do Psicólogo, 1995.
2.5. LEHMAN, Yvete P. *Não sei que profissão escolher*. São Paulo, Editora Moderna, 1999.
2.6. SILVA, Jerson J. *O papel da família na escolha profissional*. São Caetano do Sul, Yendis Editora, 2006.
2.7. MINERVINO, José R. *Vocação e realização profissional*. São Paulo, Paulinas, 1997.

3. Questões para aprofundamento

3.1. Que tipo de vocação e profissão você busca ou deseja?
3.2. Qual é sua dificuldade para tomar uma decisão quanto a sua escolha vocacional e/ou profissional?

3.3. Olhando para a vida de Jesus, podemos dizer que Ele teve uma vocação e profissão? Qual era a vocação de Jesus? Qual a profissão de Jesus?

3.4. Olhando para você, neste momento de sua vida, qual a profissão e vocação que mais se aproximam de seu perfil ou jeito de ser? Por quê?

4. Músicas

4.1. *Há um barco esquecido na praia* (Pe. Zezinho).
4.2. *Me chamaste para caminhar* (Alfred Mercica).
4.3. *Vem caminheiro* (José Freitas Campos).

5. Atividade pessoal ou grupal

Buscando a realização

Objetivo: Motivar os vocacionados a conhecerem pessoas que estão felizes em sua vocação e profissão, e levá-los a compreender que uma boa escolha vocacional e profissional é um caminho certo de felicidade.

5.1. Pedir para que cada participante escreva o nome de três pessoas que considera realizadas em sua vocação.
5.2. Pedir para que cada participante escreva o nome de três pessoas que considera realizadas em sua profissão.
5.3. Falar para todo o grupo sobre uma pessoa realizada em sua vocação e outra realizada em sua profissão.

II • REZANDO MINHA VOCAÇÃO

1. Orientações para a oração pessoal

1.1. Escolher um lugar para sua oração.
1.2. Determinar o horário e o tempo de sua oração.
1.3. Pedir a graça que deseja para este momento de oração.
1.4. Ler e reler o texto com muita calma.
1.5. "Saborear" com o coração o que o marcou.
1.6. Concluir a oração, agradecendo ao Senhor este encontro.

2. Textos bíblicos para a oração pessoal (rezar um texto bíblico por dia)

2.1. 1Samuel 16,1-3 – "Levante-se e unja o rapaz, pois o escolhido é esse".
2.2. Marcos 6,1-6 – "Esse homem não é o carpinteiro, filho de Maria e irmão de Tiago..."
2.3. 1Tessalonicenses 2,9-12 – "Irmãos, vocês ainda se lembram dos nossos trabalhos e fadigas".
2.4. Atos 18,1-5 – "E como eram da mesma profissão – fabricantes de tendas – Paulo passou a morar com eles e trabalhavam juntos".
2.5. Hebreus 6,9-12 – "Deus não é injusto para esquecer o trabalho de vocês".

3. Fazer a leitura orante de cada texto bíblico

3.1. O que diz o texto? O texto fala do quê...
3.2. O que o texto diz para mim hoje? Penso em que preciso mudar...

3.3. O que o texto me faz dizer a Deus? Rezo, louvo, agradeço...
3.5. O que o texto me leva a fazer? Faço silêncio... escuto o que Deus me pede.
3.6. Pôr em prática o que Deus me pediu.

4. Anotar em seu caderno de oração, após cada texto bíblico, o que mais tocou seu coração

5. Compromisso de vida

5.1. Para ajudá-lo em sua escolha vocacional procure estar atento a situações em que você se sente realizado, em que você se sente bem e em que gostaria de sentir em todos os dias.

5.2. Para ajudá-lo em sua escolha profissional procure estar atento àquilo que você gosta de fazer e sente-se bem em fazê-lo.

5.3. Em relação à escolha profissional, veja qual o tipo de profissão tem a ver com o que você gosta de fazer.

OBS: Procure partilhar de forma transparente e simples, com o acompanhante espiritual, os sentimentos, medos, dúvidas, receios, apegos..., pois isso o ajudará em seu discernimento vocacional.

Lembre-se sempre de fazer suas orações pedindo ao Espírito Santo para que ilumine sua escolha, em vista da realização e do bem que você pode fazer para as pessoas que o cercam.

CONCLUSÃO

Chegamos ao final da primeira etapa de nosso trabalho com a sensação de um dever cumprido com alegria e não como um fardo sobre as costas. Temos consciência de que esse nosso subsídio é fruto de uma vivência e da interação de tantos outros subsídios vocacionais que vários irmãos tiveram a oportunidade de publicar. Acreditamos também que muitos outros materiais vocacionais serão publicados para ajudar aos vocacionados em seu discernimento. Com convicção podemos dizer que estamos colocando um pouco de cimento na massa para ajudar na construção feita em mutirão, em que o grande arquiteto é Deus.

Sabemos que grande é o amor de Deus por nós e, quando nos dispomos a acolher seu chamado, Ele vai proporcionando-nos os meios para cumprir bem a missão, a nós designada. É dessa forma que nos sentimos quando acolhemos seu chamado para elaborar esse material vocacional. Temos consciência de nossos limites, mas a graça de Deus nos fortaleceu e começamos a caminhar; esperamos continuar trilhando por esse caminho estendendo sempre a mão às pessoas que pretendem rezar, refletir e discernir sua vocação.

Querido vocacionado, a você que está fazendo seu caminho de discernimento faça-o com alegria, ânimo e coração aberto. Tenha a certeza de que você só sairá ganhando com isso, como diz o ditado popular: "Quem está com Deus está com tudo". Dúvidas, temores, preguiça e expectativas são aspectos que nos acompanham em nossa caminhada. Quem não os teve e não os tem, não é mesmo? No entanto, o caminho se faz caminhando; nesse caminho vocacional vamos colhendo os frutos que Deus nos oferece e vamos nos deliciando com eles, e que saciados, animados, fortalecidos e convictos possamos dizer: "Eis me aqui, Senhor, para fazer vossa vontade!"

A você que assumiu a missão de ser um acompanhante espiritual/vocacional seja esse irmão mais velho do adolescente/jovem, ajudando-o a adquirir a serenidade necessária para perceber o chamado que Deus faz a ele. Com certeza sua fé, sua abertura, seu dinamismo, auxiliado pelos materiais vocacionais, como este que acabamos de apresentar, serão grandes facilitadores em seu trabalho. Para isso conte sempre com as bênçãos de Deus e a proteção da Virgem Maria e dos todos os vocacionados que se encontram junto do Pai.

BIBLIOGRAFIA

ARAGON, L. Cortês & Diez, J. Aragón. *Autoestima, compreensão e prática.* São Paulo, Paulus, 2004.

BENTO XVI. *Fé e Razão* – Documento do Vaticano, 2011.

BÍBLIA SAGRADA DE APARECIDA. Aparecida, Ed. Santuário, 2006.

BÍBLIA SAGRADA. Edição Pastoral, São Paulo, Paulus, 1990.

BIFFIA, Sonia. & DE CHIARO Rosabel. *Família e Vida.* São Paulo, Paulus, 2007.

BRUSTOLIN, Leomar A. *A mesa do pão.* São Paulo, Paulinas, 2009.

BUSCAGLIA, Leo. *Vivendo, amando e aprendendo.* Rio de Janeiro, Record, 1982.

CABARRÚS, Carlos R. *Discernir na Igreja hoje.* São Paulo, CRB e Loyola, 1998.

CATECISMO DA IGREJA CATÓLICA. Petrópolis, Editora Vozes, 1993.

CAVALIERE, Raffaele. *Autoanálise, um caminho para se descobrir a si mesmo e enfrentar a vida de modo positivo.* São Paulo, Paulus, 1999.

CELAM – DOCUMENTO DE APARECIDA, São Paulo, Edições CNBB, Paulus, Paulinas, 2007.

COMBLIN, José. *Vocação para a liberdade*. São Paulo, Paulus, 1998.

COMPÊNDIO DO VATICANO II. *Constituições, Decretos e Declarações*. Petrópolis, Vozes, 1987.

CONGRESSO VOCACIONAL DO BRASIL – 3º Congresso – Discípulos Missionários a serviço das Vocações. Brasília, CNBB, 2009.

DICIONÁRIO DE CONCEITOS FUNDAMENTAIS DO CRISTIANISMO. São Paulo, Paulus, 1999.

DICIONÁRIO DE ESPIRITUALIDADE. São Paulo, Edições Paulinas/Paulistas, 1993.

DOMINGUES, Luiz Maria G. *Discernir o chamado*. São Paulo, Paulus, 2010.

GIACAGLIA, Lia R. A. *Orientação vocacional por atividades*. São Paulo, Editora Thomson, 2003.

GULA, Richard M. *Ética no ministério pastoral*. São Paulo, Loyola, 1996.

HUMBRECHT, Terry D. *Carta aos jovens sobre vocações*. São Paulo, Paulus, 2010.

LEHMAN, Yvete P. *Não sei que profissão escolher*. São Paulo, Editora Moderna, 1999.

MARTINEZ, T. Priego & PASCUAL, C. Puerto. *Compreender a sexualidade, para uma orientação integral*. São Paulo, Paulinas, 1998.

MAYER, Canísio. *Encontros que marcam*. São Paulo, Paulus, Vol. 3.

MENEZES, Onofre A. *A arte de relacionar-se*. São Paulo, Paulus, 1993.

_____. *Ajude a si mesmo*. São Paulo, Paulus, 1995.

MEZZENA, Giacomo. *Pais e filhos: um diálogo com o Psicólogo*. São Paulo, Paulinas, 1997.

MINERVINO, José R. *Vocação e realização profissional*. São Paulo, Paulinas, 1997.

MONBOURQUETE, Jean. *A cura pelo perdão – Guia prático*. São Paulo, Paulus, 1996.

MOSER, Antonio & SOARES, André M. M. *Bioética do consenso ao bom senso*. Petrópolis, Vozes,

NÚCLEO DE CATEQUESE PAULINAS. *Testemunhas do Reino*. São Paulo, Paulinas, 2008.

O'NEIL, Kevin J. & BLACK, Peter. *Manual prático de moral*. Aparecida, Editora Santuário, 2007.

PRADA, Rafael. *Profundamente humanos*. Aparecida, Editora Santuário, 2000.

PRETTE, Almir Del & PRETE, Zilda A.P. *Psicologia das relações interpessoais*. Petrópolis, Vozes, 2001.

POWELL, John. *Com os olhos da fé*. Aparecida. Ed. Santuário, 1997.

QUEIRUGA, Andrés T. *Recuperar a criação*. São Paulo, Paulus, 1999.

ROMAN, Ernesto N. *O batismo para o povo*. São Paulo, Paulus, 2002.

SASTRE, Jesus. *Discernimento vocacional, proposta de encontros vocacionais para jovens*. São Paulo, Paulinas, 2000.

SILVA, Jerson J. *O papel da família na escolha profissional*. São Caetano do Sul, Yendis Editora, 2006.

SOARES, Dulce. H. P. *A escolha profissional do jovem ao adulto*. São Paulo, Summus Editorial, 2002.

SPACCAQUERCHE, Maria Elci & FORTIM, Ivelise. *Orientação profissional passo a passo*. São Paulo, Paulus, 2009.

TIERNO, Bernabé. *Viver em família, ofício de ser pai e mãe*. São Paulo, Paulus, 2004.

_____. *A psicologia dos jovens e adolescentes*. São Paulo, Paulus, 2007.

TRIGO, Pedro. *Criação e história*. Petrópolis, Vozes, 1988.

VIDAL, Marciano. *Moral cristã em tempos de relativismos e fundamentalismos*. Aparecida, Editora Santuário, 2007.

VVAA. *Discernimento vocacional*. Loyola, São Paulo, 1993. Cadernos Vocacionais.

VVAA. *A escolha profissional em questão*. Casa do Psicólogo, São Paulo, 1995.

VVAA. *Curso de Verão 2012*. São Paulo, Ceseep – Paulus, 2011.

ZÉ VICENTE. *Tempos urgentes* – poesias. São Paulo, Paulinas, 2004.

WERNECK, Hamilton. *Educar é sentir as pessoas*. Aparecida, Ideias e Letras, 2004.

Livros de Cânticos

JUNTOS CANTEMOS, Aparecida, Editora Santuário, 2006.

JUVENTUDE CANTA E ENCANTA, São Paulo, CCJ Gráfica e Editora, s/d.

MIL E UMA CANÇÕES PARA O SENHOR, São Paulo, Paulinas, 2002.